Heiko Ehrhardt

All die ganzen Jahre

Heiko Ehrhardt

All die ganzen Jahre

Beobachtungen eines Weltanschauungsbeauftragten

Fromm Verlag

Impressum / Imprint
Bibliografische Information der Deutschen Nationalbibliothek: Die Deutsche Nationalbibliothek verzeichnet diese Publikation in der Deutschen Nationalbibliografie; detaillierte bibliografische Daten sind im Internet über http://dnb.d-nb.de abrufbar.

Bibliographic information published by the Deutsche Nationalbibliothek: The Deutsche Nationalbibliothek lists this publication in the Deutsche Nationalbibliografie; detailed bibliographic data are available in the Internet at http://dnb.d-nb.de.

Verlag / Publisher:
Fromm Verlag
ist ein Imprint der / is a trademark of
OmniScriptum GmbH & Co. KG
Heinrich-Böcking-Str. 6-8, 66121 Saarbrücken, Deutschland / Germany
Email: info@frommverlag.de

Herstellung: siehe letzte Seite /
Printed at: see last page
ISBN: 978-3-8416-0524-5

„All die ganzen Jahre…“

Inhaltsverzeichnis:

Einleitung

„Aber der Herr war nicht im Sturm“ (1.Kg.19,11).
Dieser Satz zeigt, dass es durchaus Orte gibt, an denen Gott nicht zugegen ist. Anders als in unserer Tradition, die die oft erzählte kurze Geschichte: „Ich gebe Dir hundert Euro, wenn Du mir sagst, wo Gott ist“ – „Und ich gebe Dir tausend Euro, wenn Du mir sagst, wo er nicht ist!“ dahingehend auswertet, dass Gott überall gegenwärtig ist, zwingt dieser kurze Satz aus der Elia-Geschichte zu der Frage, ob es nicht auch Orte gibt, an denen Gott nicht ist.
Auch wenn sich diese Frage nicht so einfach beantworten lässt, gehen die vorliegenden Texte davon aus, dass Gott zwar allgegenwärtig ist, dass er aber nicht überall gleichermaßen erkannt werden kann, erkannt werden will.
Zugespitzt gesagt: Neben einer „guten“ Religion, die dem friedlichen Miteinander der Menschen dient, die sich durch Liebe, differenzierte Urteile und einer Stärkung des Einzelnen und der Gemeinschaft auszeichnet und die nicht zuletzt auch in der Lage ist, sich selbst aus einer kritisch-ironischen Distanz und mit Humor zu betrachten, gibt es eben auch das Andere.
Die „schlechte“ Religion.
Religion, die keine Kritik verträgt.
Die Andersdenkende verfolgt oder ausgrenzt.
Die destruktiv auf den Einzelnen und auf die Gemeinschaft wirkt.
Die bisweilen schlicht kriminell agiert.
In unserer Sprachregelung wird bei solchen Gruppierungen in der Regel der Begriff „Sekte“ angewandt. Ein Begriff, der in sich schwierig ist und der nicht in der Lage ist, allen Phänomenen, denen man im „religiösen Supermarkt“ begegnen wird, gerecht zu werden.

Die in diesem Buch zusammengefassten Texte stellen Überlegungen dar, die ich als Beauftragter für Sekten- und Weltanschauungsfragen der Kirchenkreise Wetzlar und Braunfels im Zeitraum eines Jahrzehntes angestellt habe.

„All die ganzen Jahre…“

Bisweilen handelt es sich um eher trockene Berichte, bisweilen um Essays oder längere Abhandlungen. Immer aber geht es um die Frage, ob und mit welchem Recht ich als christlicher Sektenbeauftragter kritisch danach fragen darf, wo denn nun „Gott“ ist.

Und wo nicht.

Wenn der Ton bisweilen ein wenig zum Lachen reizt, dann deshalb, weil der Humor eine der größten Gaben Gottes ist und weil Humor für mich vor allem in der Fähigkeit besteht, über sich selber zu lachen.

In diesem Sinne widme ich das Buch Woody Allen, der einen seiner Protagonisten nach ausgiebigem Studium amerikanischer Fernsehprediger sagen lässt: „Wenn Jesus Christus wiederkäme und sehen würde, was in seinem Namen geschieht, würde er sich nur noch übergeben.“

Das ist zwar drastisch gesagt, aber leider wahr.

Auf das es nicht so weit kommen möge…

„All die ganzen Jahre…“

2002

1.: "Dummköpfe und Betrüger" ?

"Die Religion ist entstanden, als ein Dummkopf und ein Betrüger einander begegnet sind".

Auch wer diesem Zitat des großen Religionskritikers Voltaire nicht in voller Härte zustimmen mag, kommt nicht umhin, nach Dummköpfen und Betrügern Ausschau zu halten, lässt er die gegenwärtige religiöse Großwetterlage Revue passieren.

Ein einziger Blick in die Anzeigenseiten einer einschlägigen Zeitung (etwa "Esotera" oder auch vieler Stadtzeitungen) zeigt, dass es eine ungeheure Vielzahl von – vielfach sehr hochpreisigen – therapeutischen Angeboten gibt, die häufig das Blaue vom Himmel versprechen und alle mehr oder weniger deutliche religiöse Setzungen implizieren.

Offensichtlich ist unsere Welt voller Sehnsucht nach Heilung, Ganzheitlichkeit, Sinn, kurz: voller religiöser Sehnsucht und ein immer größerer Teil läuft neben den etablierten Religionsgemeinschaften ab, und lässt sich auch nicht so ohne weiteres integrieren.

Denn: So wenig die etablierten Kirchen von der Esoterik, der "postreligiösen Dauerwelle" (Werner Thiede) profitieren, so wenig profitieren klassische Sekten oder Freikirchen davon.

Vieles ist "Patchwork-Religion", also der Versuch, mehr oder weniger aus dem Angebot der "Happy-Reli-Bar" (Michael Landgraf) auszuwählen, was gerade gefällt, was gerade dran ist.

Es liegt auf der Hand, dass dies zum Missbrauch förmlich auffordert, so dass Missbrauch immer wieder vorkommt, und dass es vor allem darum geht, dass die dann – wörtlich zu verstehende – "arme Seele" ihre Ruhe findet.

Kontrollierbar oder kritisierbar ist dies kaum.

Immer lauter werden daher die Rufe nach einer Art "therapeutischem Verbraucherschutzgesetz", so laut, dass der Bundestag bereits vor Jahren mit einer Enquetekommission reagiert hat, um dem schlimmsten Wildwuchs Einhalt zu gebieten.

Doch von welcher Warte aus will man kritisieren, wenn es um hochgradig individuell ausgesuchte und ausgeprägte religiöse Deutungssysteme geht, die anders als die großen Religionen weder verbindliche Dogmen noch ein verbindliches Lehramt kennen und die daher eine Kritik im Namen irgendeiner übergeordneten Autorität kaum akzeptieren ?

Denn da, wo es vor allem darum geht, dass ein Mensch sich in und mit dem, was er tut, wohlfühlt, greifen Argumente ohnehin kaum noch.

Und wenn es zu Konflikten kommt, liegt eine Spaltung allemal näher als die Formulierung verbindlicher Regeln.

Fast könnte man sagen, dass da, wo zwei religiös-esoterisch interessierte Geister zusammenkommen, der Hauch von Schisma bereits in der Luft liegt.

Dies macht die Arbeit eines Beauftragten für Sekten- und Weltanschauungsfragen nicht eben einfacher, und deshalb werde ich mich in diesem Bericht vor allem darauf beschränken, einige Entwicklungen kritisch zu hinterfragen.

2.: "Heilige der letzten Tage"?

Wer, wie ich, mit Karl May und Arthur Conan Doyle aufgewachsen ist, kannte die Mormonen vor allem als unsäglich bigotte oder gar kriminelle Personen, die vor allem durch den Anspruch, "Heilige der letzten Tage" zu sein, negativ auffielen.

Die Realität ist natürlich weitaus komplexer und findet fern von den meisten Klischees statt. Davon konnte sich die Weltöffentlichkeit während der Olympischen Winterspiele in Salt Lake City im Mormonenstaat Utah überzeugen.

Auch wenn die Mormonen gewiss eine Reihe von eigenen Glaubensüberzeugungen leben, die sie deutlich zu einer "Sekte" machen, so konnten sie doch ihr Ziel erreichen, die Weltöffentlichkeit davon zu überzeugen, gute, womöglich sogar die besseren, Amerikaner zu sein.

Gerade dieses Beispiel zeigt, dass eine Gruppierung, die man klassisch unter die "Sekten" zählt, durchaus mit beiden Beinen auf dem Boden stehen, eine

Großveranstaltung organisieren und sich dabei sympathisch präsentieren kann.
Gerade dies macht die Arbeit im Bereich der Sekten- und Weltanschauungsfragen so schwierig: Dass es eben nicht um simple "gut-böse-Schemata" geht, dass der Begriff "Sekte" folglich kein Kampfbegriff ist, den man als negativen Sticker einfach aufklebt, sondern dass es darum geht, in Apologie und Dialog den christlichen Glauben zu bezeugen, und das, ohne den Gesprächspartner und seine Überzeugungen dabei abzuwerten.

3.: "Und das Wort ward..."
Bezeichnenderweise fand denn auch im vergangenen Jahr eine Aktion die meiste Aufmerksamkeit, bei der es eigentlich nicht um eine Sekte, sondern um ein innerchristliches, bisweilen gar innerkirchliches Problem ging: Die Aktion "Kraft zum Leben" der amerikanischen Arthur S. DeMoss Foundation.
Aufgrund der Tatsache, dass für diese Aktion in Presse, Fernsehen und auf großen Plakaten geworben wurde, zugleich aber niemand so recht erkennen konnte, wer hinter dieser Aktion steckte, erreichte diese Aktion ein erhebliches, aber weitgehend negatives Presseecho.
Große Nachrichtenmagazine druckten lange Artikel ab, in denen die Arthur S. DeMoss Foundation zu Recht in die Ecke des amerikanischen Fundamentalismus und zu Unrecht in die Sektenecke gesteckt wurde.
Dies führte dazu, dass der Inhalt des Buches (eine durch und durch individualistisch eng geführte Bekehrungstheologie, ergänzt durch Glaubenszeugnisse mehrerer Prominenter wie Bernhard Langer oder Paulo Sergio) kaum diskutiert wurde - hingegen die Frage: "Wer steckt dahinter ?" breite Beachtung fand.
Unversehens geriet so das Anliegen der Literaturmission pauschal unter Sektenverdacht – ein Umstand, der dieser und ähnlichen Aktionen wohl deutlich geschadet hat.
Dies lag vor allem daran, dass die Aktion "Kraft zum Leben" mit deutschen Kirchen kaum vernetzt war, so dass es vor Ort keine Ansprechpartner gab.
Soweit ich sehe, hat denn auch außer CVJM-Generalsekretär Ulrich Parzany und vereinzelten Kommentatoren im "IDEA-Spektrum" kaum jemand die

Aktion verteidigt und vor allem mit dem Hinweis darauf, dass eine "Literaturmission ohne Absender" (Reinhard Hempelmann) wenig vertrauenerweckend wirkt, waren die zahllosen Kritiker schnell zur Hand.
Dass darüber hinaus die amerikanische Verbindung von fundamentalem Christentum und politisch konservativem Engagement hierzulande zu Recht kritisch beäugt wird, wirkte sich zusätzlich negativ aus.
Jenseits dieser Schwierigkeiten stellt sich mir allerdings vor allem die Frage, ob mediales Geklingel wirklich die adäquate Sprache der Verkündigung sein kann.
Am Horizont droht die Gefahr, dass es dereinst heißt: "Und das Wort ward Plakat/Spot/Flyer o.ä. und wir sahen seine Belanglosigkeit".
Diese Frage wäre freilich auch an eine Reihe anderer Kommunikationsinitiativen (u.a. auch an die von der EKD ausgerichtete Plakatinitiative !) zu stellen.

4.: Neue Hexen – neue Heiden.
In unserer Region noch wenig beachtet – in Städten und vor allem im Ostdeutschland aber deutlich auf dem Vormarsch - sind Gruppierungen, die vorgeben, auf "alte", im Kelten- bzw. Germanentum beheimatete Religionen zurückzugreifen.
Dass diese Gruppierungen deutlich auf dem Vormarsch sind und irgendwann einmal zum Thema werden können, zeigt die Tatsache, dass es seit geraumer Zeit Versuche gibt, einen Dachverband zu gründen, um so den vielfach zersplitterten Gruppierungen ein höheres Gewicht in der Öffentlichkeit zu verschaffen.
Dass sich die am 12.Januar 2002 in Wiesbaden gegründete GENA (= Gesellschaft für die Erhaltung und Förderung der Naturreligion und Arkandisziplin) bereits nach wenigen Wochen in zwei Gruppen spaltete (die Gruppe "Kulturgeister" wurde - quasi vor unserer Haustür, in Butzbach – am 24.März 2002 gegründet, der "Dachverband Concilium GENA" blieb erhalten), hatte seine Ursache vor allem im Verhältnis zum rituellen Satanismus, der von den "Kulturgeistern" deutlich abgelehnt wird.
Insgesamt umfassen beide Gruppen zusammen zwar nur ca. 600 Personen –

die tatsächliche Zahl der Anhänger dürfte aber deutlich höher liegen.
Dies vor allem deshalb, weil neuheidnische Gruppen häufig eher unorganisiert auftreten, und es auch eine Reihe von bewusst "freifliegenden Hexen" gibt, die größere Organisationen ablehnen.
Was beide Gruppen eint – und das ist ein erfreulicher Schritt nach vorne – ist ein deutliches Bekenntnis zu den Werten der FDGO und – vor allem im Bereich der "Kulturgeister" - eine ebenso deutliche Ablehnung von "rassistischen, neo-nazistischen, faschistischen, satanistischen und sonstigen auf Phantasie und Fiktion beruhenden Kulten, Weltanschauungen, Strömungen und Gruppierungen". Wenn diese Linie durchgehalten werden kann, ist zumindest der häufig geäußerte Vorwurf des Rechtsradikalismus nicht mehr so ohne weiteres anwendbar.
Auf einem großen Seminar des Landesinstituts für Schule und Ausbildung in Mecklenburg-Vorpommern zum Thema "Neuheidentum" im Mai konnte ich mich als Referent und Teilnehmer allerdings davon überzeugen, dass es immer noch heftigst in neuheidnischen Kreisen tümelt – und zwar deutsch mit braunem Anstrich.
Die Suche nach der "alten" germanischen Religion ist doch allzu häufig verbunden mit der Ablehnung der "Wüstenreligionen", womit Judentum, Christentum und Islam gemeint sind. Und von dieser Ablehnung hin zur Bekämpfung ist nur ein kleiner Schritt.
Trotzdem habe ich auch sehr differenziert urteilende und gewiss nichts rechtsaussen stehende GesprächsteilnehmerInnen getroffen, und deshalb greift es zu kurz, wenn man neuheidnische Religiosität mit dem Totschlagargument des Rechtsradikalismus einfach auskontert.
Es mag sein, dass hier in den nächsten Jahren noch sehr viel Auseinandersetzung nötig ist. Wer sich umfassend informieren will, findet unter http://www.hexen-online.org ein ausgezeichnet gemachtes Diskussionsforum.

5.: Wege und Weggefährten.

Die Wege, die ein Mensch in seinem Leben geht, bringen es mit sich, dass es immer wieder Weggefährten gibt, die eine Zeitlang Begleiter sind, um dann auf anderen Wegen weiter zu gehen.

Die Arbeit der Sekten- und Weltanschauungsbeauftragten der Rheinischen Kirche hat einen solchen Wechsel im vergangenen Jahr erlebt: Pfr. Joachim Keden, quasi ein "Urgestein" der kirchlichen Sektenberatung, der mit seinem hervorragenden Archiv und seiner freundlichen und hilfsbereiten Art vielen Kollegen ein unverzichtbarer Gesprächspartner war, ging im Herbst des vergangenen Jahres nach 16-jähriger Tätigkeit in den Ruhestand. Neuer Ansprechpartner auf Seiten der Rheinischen Landeskirche ist seit 01.01.2002 Pfr. Andrew Schäfer.

Für seine Tätigkeit ist von hieraus Gottes Segen zu wünschen, so dass die Arbeit ähnlich qualifiziert und vertrauensvoll weitergeht wie die Tätigkeit von Pfr. Keden.

6.: Organisatorisches.

Die Beratungstätigkeit und die Anfragen haben sich auf ein überschaubares und zu bewältigendes Maß eingependelt. Dank der guten Zusammenarbeit mit der katholischen Sektenberatung im Bistum Limburg und mit Pfr. Keden bzw. Pfr. Schäfer konnten die meisten Anfragen zufriedenstellend beantwortet werden.

An den Treffen der Sektenbeauftragten habe ich – soweit es meine Zeit zuließ – teilgenommen. Allerdings ist die regelmäßige Fahrt nach Bonn schon ein Hindernis.

Sinnvoll wäre es daher gewiss, wenn auch im Bereich Südrhein eine entsprechende Stelle – und sei es nur eine Zusatzbeauftragung mit eingeschränktem Dienstverhältnis – eingerichtet werden könnte.

Dank der eingestellten Finanzmittel im Haushalt des Kirchenkreises habe ich an verschiedenen Fortbildungen teilgenommen, was immer wieder eine sehr erfreuliche Erweiterung des Horizonts bedeutet.

Vorträge in Kirchengemeinden oder auch Hilfe bei Literaturbeschaffung biete ich weiterhin an.

7.: Epilog: Das Eigene und das Fremde.

Es war keine große Gruppe, die sich im Februar 2002 in Berlin zur Beratertagung der EZW zum Thema "Das Eigene und das Fremde" getroffen hat.

Schade eigentlich, denn die Veranstaltung stellte die m.E. entscheidenden Fragen für die Arbeit der nächsten Jahre: Wie ist es möglich, das Eigene, also das, was für uns unverzichtbar ist, was uns aufgegeben ist und was wir weitersagen und weitergeben sollen, so weiter zu geben, dass es authentisch und verständlich ist, ohne das Fremde damit abzuwerten.

Oder anders gefragt: Wie können wir in einer Welt, die voller religiöser Sehnsucht ist, unseren Glauben so bekennen, dass er zu einem echten Angebot und zu einer echten Alternative wird?

Hält man sich vor Augen, dass die christlichen Kirchen mit ihrer Verkündigung nur noch ein Angebot auf dem religiösen Supermarkt sind, dann stellt sich diese Frage mit großem Nachdruck.

Falsch wäre es, würde man diese Frage nur so beantworten, dass man apologetische Mauern hochzieht, und nur auf das verweist, was "falsch" bzw. nichtchristlich ist.

Ebenso falsch allerdings wäre es, wenn man das Eigene derart verwässern würde, dass die Substanz des Christlichen verlorenginge.

Doch ich bin gewiss, dass es zwischen der Skylla des totalen Abkapselns und der Charybdis völliger Offenheit eine genügend breite Fahrrinne für das "Schiff, das sich Gemeinde nennt" gibt.

Diese Fahrrinne immer wieder zu suchen, werde ich mich auch in den kommenden Jahren bemühen.

„All die ganzen Jahre…“

1.: Neue Inquisitoren ?

Einmal mehr hat er mächtig Staub aufgewirbelt: Nach einer Reihe von kräftigen Schlägen in Richtung ÖRK und Kirchen in der DDR waren diesmal die kirchlichen Sekten- und Weltanschauungsbeauftragten an der Reihe.

Die Rede ist von Prof. Gerhard Besier und seinem Buch "Die Rufmordkampagne", in dem er zumindest einigen Sekten- und Weltanschauungsbeauftragten den Vorwurf macht, "moderne Inquisitoren" zu sein, eine "Denunziationskultur" mit massivem Pastoral-Mobbing zu fördern, und im Zweifelsfall unliebsame Zeitgenossen (auch und vor allem aus dem evangelikalen Spektrum) bis in den letzten Winkel der Europäischen Union zu verfolgen.

Zielsicher im IDEA-Spektrum (26/2002, S.22f aus diesem Artikel stammen alle Zitate) platziert, verfehlte solche Kritik nicht ihre Wirkung: Das Wort von den "Modernen Inquisitoren" machte die Runde, und kirchliche Sekten- und Weltanschauungsarbeit war auf weiter Fläche desavouiert.

Nun muss man sicher zugeben, dass kirchliche Sekten- und Weltanschauungsarbeit ein heikles Geschäft ist und ein glattes Parkett, auf dem man leicht ausrutschen kann. Natürlich ist es schwierig, apologetisch tätig zu sein, und an mehr als einer Stelle einen klaren Trennstrich ziehen zu müssen.

Natürlich ist es auch so, dass dieser Trennstrich umso schwieriger zu ziehen ist, je näher eine Gruppierung dem christlichen Glauben steht, und natürlich ist es so, dass Kampagnen wie der Rundbrief des Sekten- und Weltanschauungsbeauftragten der Rheinischen Landeskirche, Andrew Schäfer, in dem dieser sich – wie ich finde zurecht - kritisch mit der Aktion "Weihnachten im Schuhkarton" auseinandersetzt, leicht missverstanden werden können.

Und eine Schräglage entsteht auch dann, wenn durch einen Artikel im deutschen Pfarrerblatt von Richard Ziegert, dem Weltanschauungsbeauftragten der Evgl. Kirche der Pfalz (Richard Ziegert: Die EKD-Kirchen angesichts der Globalisierung, Deutsches Pfarrerblatt 6/2003, S.291-297, Ziegerts Aufsatz gipfelt in herben Angriffen gegen den "neoevangelikalen Spuk", den er samt und sonders für eine von Amerika aus gesteuerte Bewegung hält, bei der "von vornherein mit unmoralischen Praktiken und kriminellem Vorgehen der Führungspersonen" zu rechnen ist – ein Vorwurf, der heftigste Kritik nach sich zog), der Eindruck erweckt wird, dass Sekten- und Weltanschauungsbeauftragte vor allem innerhalb des christlichen Spektrums mögliche (meist evangelikale) Feinde ausmachen, wogegen fragwürdigen Gruppierungen nichtchristlicher Provenienz (z.B. Reiki) vielfach die Türen der Gemeindehäuser und Erwachsenenbildungsstätten offenstehen. Hier gilt es gewiss, sensibler zu urteilen, um zukünftig falsche Fronstellungen zu vermeiden.
Und natürlich gibt es Fälle von Fehleinschätzungen bis hin zu Fällen, wie sie Besier belegt.
Dies alles ist nicht in Abrede zu stellen.
Allerdings muss ebenso deutlich gesagt werden, dass es nicht angeht, die gesamte Arbeit der Sekten- und Weltanschauungsbeauftragten unter das Verdikt "Moderne Inquisitoren" zu stellen. Denn dies unterstellt, dass Menschen willkürlich, ohne fairen Prozess um Hab und Gut, um Leib und Leben gebracht werden. Die Tatsache, dass die Inquisition zu den düstersten Kapiteln der europäischen Kirchengeschichte gehört, sollte gerade einen Kirchengeschichtler zu äußerster Zurückhaltung bei der Wortwahl bewegen. Dass dies nicht geschieht, zeigt, dass Besier vornehmlich polemisch ausgerichtet ist, eine Polemik, die nicht wirklich weiterhilft zumal.
Und zugleich muss deutlich darauf hingewiesen werden, dass gerade die Sekten- und Weltanschauungsarbeit, so wie ich sie kennengelernt habe, und so wie sie die allermeisten meiner KollegInnen praktizieren, im Miteinander von Apologie und Dialog geschieht. Häufig wird in der Beratung versucht, eine für alle Beteiligten praktikable Lösung zu finden, und vor allem das Instrument der Mediation hat sich als hilfreich erwiesen. Der oft sehr schwere

Versuch, zwischen verschiedenen Interessen zu vermitteln (z.B.: ein Ehepartner tritt den Zeugen Jehovas bei – wie soll sich der andere Ehepartner verhalten?) macht einen wesentlichen Teil der Arbeit aus. An dieser Stelle wird gewiss nicht inquisitorischer Druck ausgeübt, sondern echte Seelsorge angeboten.

Zugleich ist die (m.E. eher zu selten ausgesprochene) deutliche Aussage, dass eine bestimmte Gruppierung den Rahmen des christlichen Bekenntnisses verlassen hat bzw. nie betreten wollte, ja kein eschatologisches Verdammungsurteil und auch keine Verurteilung der betreffenden Personen.

Mit der Aussage, dass ein Phänomen nicht oder nicht mehr christlich ist, wird zwar eine Grenze gezogen, dies jedoch halte ich für ein legitimes Verfahren und zugleich für eine Aufforderung, in einen Dialog einzutreten.

Von daher halte ich Besiers Buch für eine ärgerliche Provokation.

2.: Alte und neue Apostel

Vor Ort war das dringlichste Problem des vergangenen Jahres die Frage nach dem Verhältnis zur NAK (= Neuapostolischen Kirche).

Diese Frage stellt sich von daher mit Nachdruck, als die NAK im letzten Jahr des Öfteren angeboten hat, eine Spende zu machen, oder aber mit ihrem Chor in einem Gottesdienst bzw. bei einem Konzert zu singen. Dies geschah nicht nur im Kirchenkreis Wetzlar, sondern an einer Reihe von Orten in der Rheinischen Kirche und darüber hinaus. Wichtig zu beachten ist in diesem Zusammenhang auch, dass die NAK mit geschätzt 450.000 Mitgliedern die mit Abstand größte Sondergruppe in Deutschland ist (sie hat allein mehr Mitglieder als die Zeugen Jehovas und alle freien Gemeinden zusammen), zugleich aber kaum auffällt – und das, obwohl es in jeder größeren Stadt eine Gemeinde gibt. Daher ist die NAK selten im Blickpunkt, wenn es um "Sekten" geht, und im Allgemeinen ist recht wenig über diese Gruppe bekannt.

Außerdem gab es bundesweit auf lokaler Ebene einige Sondierungsgespräche – meist im Rahmen der örtlichen ACK und bis heute immer mit dem Ergebnis, dass die NAK eine deutliche Distanz zur ACK erkennen ließ.

Trotzdem steht die Frage im Raum, wie die NAK verantwortlich zu behandeln ist.
Um die Frage des Verhältnisses zur NAK grundlegend zu klären, wurde die Frage über den KSV an Landespfarrer Andrew Schäfer weitergeleitet.
Dieser kommt in seiner Antwort zu dem Ergebnis, dass die NAK nicht mehr als "Sekte" bezeichnet werden sollte, da die in der NAK praktizierte Taufe von Seiten der Rheinischen Landeskirche anerkannt wird.
Besser redet man von einer christlichen Sondergruppe.
Diese Einschätzung würdigt m.E. den Umstand, dass es unter den klassischen Sekten sehr wohl Gruppierungen gibt, die sich bewegen und die evtl. sogar einen "Entsektungsprozess" durchmachen können (auf diesem Weg sind die STA = Siebenten Tages Adventisten schon ein Stück weit voran gekommen). Alles, was diesen Ensektungsprozess fördert, ist m.E. der Unterstützung wert.
Zugleich kommt Andrew Schäfer aber auch zu dem Urteil, dass eine Mitgliedschaft in der ACK von Seiten der NAK gegenwärtig nicht angestrebt wird. Handlungen, die etwas anderes suggerieren, dienen daher vor allem der Imagepflege der NAK und nehmen proleptisch eine Zukunft voraus, die gegenwärtig allenfalls erhofft, nicht aber erwartet werden kann.
Der Klarheit halber empfiehlt Schäfer daher, dass neben einem freundlichen und verbindlichen Kontakt auf persönlicher Ebene keine gemeinsamen Projekte veranstaltet werden sollten und dass Spenden nur dann angenommen werden sollten, wenn keine Öffentlichkeitswirkung mit der Annahme verbunden ist.

Diese Einschätzung sollte Grundlage für die zukünftige Beurteilung einer Zusammenarbeit mit der NAK sein.

3.: Tätigkeiten

Der Umfang meiner Tätigkeiten hat sich eingependelt: Ich bekomme pro Monat ein bis zwei Anfragen, die ich meist mit einem Telefonat klären kann. In seltenen Fällen sind mehrere Gespräche möglich – diese dann über einen Zeitraum von mehreren Monaten.

Daneben gehe ich regelmäßig in verschiedene Schulklassen – ein Dienst, den ich weiterhin anbiete.
Ebenfalls anbieten kann ich Vorträge in Gemeinden sowie Hilfe bei Literatursuche. Aus meiner recht umfangreichen Handbibliothek leihe ich gerne aus.
Alle diese Angebote sind (und bleiben!) für die Gemeinden kostenfrei.
Einen gewissen Schwerpunkt habe ich in diesem Jahr in der Vorbereitung der Vortragsreihe "Weltreligionen" gesetzt (vgl. Bericht des Synodalbeauftragten für Erwachsenenbildung).
Daneben habe ich auf dem Kirchentag im Forum "Jugendkulturen und Religion" mitgearbeitet und in einem workshop zum Thema "Musik liegt in der Gruft" referiert.
Die Zusammenarbeit mit übergeordneten Stellen (Pfr. Schäfer und EZW) verläuft sehr konstruktiv. Besonders erwähnen möchte ich die ökumenische Zusammenarbeit mit dem katholischen Diözesanbeauftragten Lutz Lemhöfer. Hier wird deutlich, dass "Sekten" ein Problem sind, das die großen Kirchen gleichermaßen betrifft, und das gemeinsam besser gelöst werden kann als alleine.

4.: Anstelle eines Nachworts

Köpfe und Tücher

Die Tatsache, dass eine Muslima, die auf dem Tragen eines Kopftuches bestand, nicht als Lehrerin in den Staatsdienst in Baden-Württemberg übernommen wurde, beschäftigt die deutsche Justiz schon geraume Zeit. Nun also muss Karlsruhe entscheiden.

Die Entscheidung freilich fällt nicht leicht, ist die Frage doch mit derart fundamentalen Assoziationen behaftet, dass es scheint, dass an dieser eher marginalen Frage eine wesentliche Weiche für die Zukunft unseres Staates gestellt wird. Möglicherweise entscheidet sich an dieser Stelle

Grundlegendes für das Miteinander zwischen verschiedenen religiösen Gruppierungen in unserem Land. In jedem Fall aber ist die Frage nach dem Kopftuch ein Indikator dafür, in welchem Maße Religion in unserem Staat präsent sein darf, wenn sie konfessorischen Charakter hat. Denn wer "Nein" zum Kopftuch sagt, wird früher oder später auch Kreuze im Klassenraum untersagen müssen. Von daher geht es in der Frage nach dem Kopftuch um wesentlich mehr als nur um die Frage nach einem Symbol islamischen Glaubens.

Für die einen, etwa die grüne MdB Priska Hintz, ist das Kopftuch ein frauenfeindliches Symbol, dessen Duldung moslemischer Frauenunterdrückung Tor und Tür öffnen würde. Ein Argument, das in jedem Fall im Dialog mit Moslems angesprochen werden muss - auch wenn viele betroffene Frauen das ganz anders sehen. Trotzdem ist unstrittig, dass die vom Grundgesetz gebotene Gleichheit von Mann und Frau auch von in Deutschland lebenden Moslems akzeptiert werden sollte.

Andere argumentieren mit dem Schreckensbild vom Ende des "christlichen Abendlandes" und wieder andere vertreten die scheinbar moderate Einstellung, dass Moslems schließlich "Gäste" seien, die sich den Gepflogenheiten des Gastlandes anzupassen haben.

Zu diesen Argumenten freilich ist einiges anzumerken:

Das erste betrifft die Frage nach dem "christlichen Abendland". Man muss nicht Theologie oder Geschichte studiert haben, um zu wissen, dass die wesentliche Dogmenentwicklung im Christentum aus den Gebieten der heutigen Türkei, des heutigen Syriens und aus Nordafrika stammen, aus Gegenden mithin, die heute moslemisches Kernland sind. Ebenso könnte man wissen, dass ein wesentlicher Teil des "christlichen Abendlandes" bis weit ins hohe Mittelalter hinein von moslemischen Mauren beherrscht wurde, und dass die christliche Reconquista in Spanien in kultureller und wissenschaftlicher Hinsicht ein echter Rückschritt war. Und vollends fragwürdig wird die Vorstellung eines "christlichen Abendlandes" dann, wenn man sich vor Augen hält, dass wesentliche und unverzichtbare Errungenschaften ("Liberte, Egalite, Fraternite") nicht mit, sondern gegen die Kirchen errungen wurden, und dass die Menschenrechte, auf die wir heute mit Recht stolz sind, in Europa noch eine recht kurze Geschichte haben.

Die Idee eines "christlichen Abendlandes" erweist sich m.E als der Versuch, eine Identität zu behaupten, die es de facto in der Form nie gegeben hat, und die deshalb auch nicht zerstört werden könnte.

Ebenso zu diskutieren ist die Vorstellung, dass die Moslems, um die es geht, im Grunde nur "Gäste" seien. Diese Vorstellung rührt unter anderem daher, dass es bislang keine einzige Regierung geschafft hat, ein einigermaßen zeitgemäßes Zuwanderungsgesetz zu formulieren. Rechtspopulistischer Politik verdanken wir, dass es bis heute nicht möglich war, Realitäten als Realitäten nicht nur zu erkennen, sondern auch justiziabel zu machen. Ein realistischer Blick würde allerdings Folgendes zeigen: Die nicht gerade kleine Gruppe von 5 Millionen Moslems, meist türkischer Herkunft, stellt inzwischen die drittgrößte Religionsgemeinschaft in Deutschland dar. Auch wenn diese Gruppe in sich recht unorganisiert und diffus ist, auch wenn sich immer wieder die Frage stellt, wer eigentlich mit welcher Vollmacht für wen spricht, und auch wenn die Mehrheit der Moslems ihren Glauben wenig ernsthafter lebt, als die große Mehrheit der getauften Gemeindeglieder, so ist es doch nicht zu erwarten, dass es in absehbarer Zeit einmal keine Moslems mehr in Deutschland geben wird.

Es wäre viel, sehr viel gewonnen, wenn man die in Deutschland lebenden Moslems türkischer Herkunft nicht mehr mit dem antiquierten Begriff "Gastarbeiter" belegen würde. Zwar war das mal die ursprüngliche Absicht - aber das ist mehr als 40 Jahre her, dieRealitäten haben sich nun einmal geändert und allmählich wäre es an der Zeit, türkische Mitbürger als in Deutschland dauerhaft lebende Gruppe ernst zu nehmen. Für diese sollte das in Deutschland geltende Grundgesetz und damit die im Grundgesetz niedergelegte Religionsfreiheit uneingeschränkt gelten.

Als Analogie bietet sich z.B. die Aktion Friedrichs des Großen an, der im Raum Brandenburg verfolgte Hugenotten ansiedelte - auch diese zunächst "nur" als Arbeitskräfte (Friedrich der Große hat auf die Vorwürfe gegen sein Vorgehen hin den berühmten Satz gesagt, dass in seinem Reich jeder "nach seiner farcon selig werden könne" - ein wenig von dieser Gelassenheit würde ich uns heute wünschen). Und so, wie jede Bundesregierung mit Recht darauf gedrängt hat, dass deutschen Minderheiten im Ausland elementare Rechte zugestanden wurden, so sollte ein demokratisches Deutschland seinerseits allen in Deutschland lebenden Gruppierungen die verfassungsgemäß garantierten Grundrechte gewähren. Und dazu gehört Religionsfreiheit – zumindest solange, wie diese Freiheit nicht gegen die anderen verfassungsmäßig garantierten Rechte missbraucht wird. Dies freilich ist ein schmaler Grad, der nur am Einzelfall entschieden werden kann.

Schließlich: Was ist so schlimm an einem Kopftuch ?

An konfessionellen Schulen wird bis heute in Ordenstracht unterrichtet, und dies ohne größere Beschwerden. Meine erste Kindergärtnerin gehörte einem Diakonissenverband an, und sie kam immer mit Häubchen in den Kindergarten. Diese Beispiele könnte man noch vermehren und man würde zu dem Ergebnis kommen, dass nicht das Kopftuch das Problem darstellt, sondern die (unterstellte) Gesinnung.

Erst dann, wenn zum Kopftuch eine radikale Gesinnung hinzutritt, wird es zum Problem, vorher m.E. nicht.

Mir jedenfalls ist eine Lehrerin mit Kopftuch, die sich ans Curriculum hält, sympathischer, als ein Lehrer im adretten Anzug, der ein ungeklärtes Verhältnis zur SED hat, oder der die Nazizeit verklärt.

„All die ganzen Jahre…“

Nur Feinde ! Überall !!!

Betrachtet man einschlägige Zeitungen und einfältige Internetforen, dann kann man sich des Eindrucks nicht erwehren, dass unsere Welt von einer kleinen Gruppe namenloser Erscheinungen beherrscht wird, einer Gruppe, die alles Mögliche mit uns vorhat - nur gewiss nichts Gutes.

Die Rede soll sein von Verschwörungstheorien, vom Gefühl, umfassend bedroht zu sein, und von der scheinbaren Logik der wahren Paranoia.

Da flattert mir beispielsweise vor einigen Wochen eine Zeitung ins Haus. Sie nennt sich "Aufklärungsarbeit" und will darüber aufklären, wer alles unsere Welt beherrscht und welche Gruppierungen Böses mit uns vorhaben.

Denn was ich in dieser Zeitung lese, ist schon atemberaubend.

SARS etwa gibt es nicht, so lese ich.

Denn SARS ist nichts anderes als eine "normale" Lungenentzündung, ersonnen von der allgegenwärtigen Impflobby, die nichts Besseres zu tun hat, als Kinder mittels Impfung ein für alle Mal zu Opfern undurchsichtiger Pharmamachenschaften zu machen (oder so ähnlich - genau steigt man nicht durch, weil alles immer nur angedeutet wird). Einmal abgesehen davon, dass es gegen SARS bislang weder Medikament noch Impfung gibt, ist die Logik dieser Aussage in etwa so richtig wie die Logik des Satzes: "An AIDS an sich ist noch nie jemand gestorben". Das ist zwar nicht ganz falsch, aber alle, die in irgendeiner Weise von AIDS betroffen sind, werden diesen Satz zurecht für durch und durch zynisch halten. Dann, wenn es um womöglich tödlich verlaufende Krankheiten geht, sollte Therapie nicht durch dunkle Verschwörungstheorien in Frage gestellt werden.Nun ist es allerdings gewiss so, dass die Hysterie um SARS ziemlich übertrieben war. Von daher ist dieser Artikel eher als humoristisches Einsprengsel zu werten.

Schlimm aber wird es, wenn es (zum wievielten Mal eigentlich?) um den 11.September geht. Denn wie wir lesen ist dieser mitnichten ein Werk Osama bin Ladens gewesen - hinter diesem (und wohl allen anderen!) Anschlägen steckt niemand anderes als die Illuminaten.

Diese freilich sind so etwas wie das Schweizer Taschenmesser unter den Verschwörern. Man kann sie immer und überall und für alles verwenden. Auch wenn die "Illuminaten" wohl nur eine kleine Splittergruppe der Freimaurer waren (der historisch fassbare Illuminatenorden wurde 1776 von Adam Weishaupt gegründet und bereits 1784 wieder verboten, ein Wiederbelebungsversuch im Jahr 1906 blieb ohne große Wirkung), die recht bald wieder in der Versenkung verschwand, so bietet sich doch gerade diese Gruppe als Projektionsfläche für so ziemlich jede bösartige Verschwörung an.

Diese Vorgehensweise schmeißt dabei in eklektischer Weise alles Mögliche zusammen: Natürlich werden die "Protokolle der Weisen von Zion" eingemengt, natürlich wird auf die Freimaurer hingewiesen (die diesem Denken zufolge vom Tempel Salomos herstammen – und somit jüdischen Ursprungs sind), auch die Templer scheinen noch im Untergrund aktiv zu sein, dann gibt es merkwürdige amerikanische Studentenverbindungen, zu denen so ziemlich jeder US-Präsident gehört zu haben scheint, und Bill Gates hat uns sowieso alle in der Hand,

ALLE !!!

Und dass die Wahrheit sowieso "irgendwo da draußen" ist, wissen seit Akte X ohnehin alle, und trauen deshalb niemandem mehr.

Den ganzen Brei jetzt noch einmal kräftig umgerührt: Fertig ist die zeitgeistgemäße Variante der Wahnidee einer jüdisch-bolschewistischen Weltverschwörung, die in Deutschland immerhin 1000 Jahre lang die Gedanken gefangen hielt.

Man muss nur Namen, Daten, Fakten in Beziehung setzen und kommt zwangsläufig zu dem Schluss, dass es wohl nur eine Handvoll Leute sind, Juden zumal, die die ganze Welt in ihrer Hand halten. Und wer dann noch davon ausgeht, dass Osama bin Laden (oder auch die CIA, dies ist die moderate Variante der Verschwörungstheorien) hinter den Anschlägen des 11.September steht, der wird ob seiner angeblichen Naivität gnadenlos abgestraft.

Allerdings seien ein paar Fragen gestattet:

Wenn es denn stimmt, dass "die Juden" an allem schuld sind - wieso dann hat niemand der doch angeblich so mächtigen Weltverschwörer ein Ereignis wie den Holocaust verhindert? Und wenn es wirklich eine geheime Weltverschwörung gibt - was hat sie vor?

Geht es immer nur um Macht und mehr Macht? Diese macht aber nur Spaß, wenn sie erkennbar ausgeübt wird. Eine Herrschaft jedenfalls, die nicht erkennbar ist, und die nichts Erkennbares vorhat, kann nicht von vornherein als negativ gebrandmarkt werden. Zumindest solange nicht, bis klar ist, welches Ziel denn eigentlich erreicht werden soll.

Und schließlich: In einer Welt, in der jeder Mensch mühelos via Internet noch die intimsten Details etwa des Sexuallebens des früheren US- Präsidenten Bill Clinton erfahren kann – im Zuge von "Monicagate" ist alles, was an intimen Details veröffentlicht werden konnte, auch veröffentlicht worden - in der es mithin kaum noch Intimsphäre gibt, scheint die Behauptung, dass es über Jahrhunderte hinweg eine geheime Weltverschwörung gegeben habe, doch reichlich verwegen, oder ?

Bleibt die Frage, warum sich Menschen derartige Verschwörungstheorien nicht nur ausdenken, sondern auch mit nachgerade religiöser Besessenheit an sie glauben.

Wohl vor allem deshalb, weil eine zunehmend komplexere und unverständlichere Welt nach einfachen Antworten nachgerade schreit.

Auch dann, wenn diese vollkommener Blödsinn sind...

„All die ganzen Jahre…“

1.: Verbraucherschutz im religiösen Supermarkt – oder: Wie verderbe ich mir an der "Happy Reli Bar" nicht den Magen ?

Zu den elementaren Kennzeichen dessen, was man "Postmoderne" oder einfach nur "Gegenwart" nennen mag, gehört die Tatsache, dass der Mensch zwar nach wie vor - und wohl auch unheilbar - religiös ist (frei nach Blaise Pascal, der beim Menschen ein "religionsförmiges Vakuum" diagnostizierte), dass aber zugleich das herbe Verdikt Voltaires kaum zu widerlegen ist, wonach "Religion entstanden ist, als ein Dummkopf und ein Betrüger einander begegnet sind".

Dies führt in der Konsequenz zur hochsensiblen Diastase von religiöser Sehnsucht auf der einen Seite und nahezu unüberschaubaren Angeboten auf der anderen Seite.

"Kirche", wie immer sie sich darstellt, wie immer sie sich definiert, wie immer auch sie von außen angesehen wird, "Kirche" ist in der Gegenwart nur noch **EIN** Anbieter auf dem Markt dessen, was man bisweilen einen "religiösen Supermarkt" genannt hat.

Und der Anbieter "Kirche" leidet unter stetigem Ansehens- und Vermittlungsverlusten, so dass Raum für andere Anbieter frei wird, Anbieter, von denen einige auch bei wohlwollender Beobachtung nichts anderes als religiös verbrämten Mummenschanz betreiben.

Kostspieligen und bisweilen der psychischen Gesundheit sehr abträglichen Mummenschanz noch dazu.

Da der gesamte Sektor neureligiöser Bewegungen und im weiteren Sinne religiöser Lebensbewältigungsangebote im Grunde ein unüberschaubar wucherndes Dickicht darstellt, ist es unverzichtbar notwendig, mit einem Netz von Beauftragten zu arbeiten, um so die Möglichkeit zu haben, bei konkreten Anfragen auch umfassend informieren zu können.

An dieser Stelle ist die Arbeit der Beauftragten für Sekten- und Weltanschauungsfragen angesiedelt.

„All die ganzen Jahre...“

Zwar ist es uns aus einer Vielzahl von Gründen kaum möglich, den schleichenden Bedeutungsverlust von "Kirche" einfach aufzuhalten oder gar positiv umzukehren (positiv für "Kirche" zu werben, ist ohnehin eher die Aufgabe des AMD).

Dies liegt m.E. vor allem daran, dass "Kirche" und Theologie vom religiösen Boom der Gegenwart ziemlich überrascht wurde (hatte es doch im Gefolge Bultmanns und Bonhoeffers die festsitzende Meinung vom Ende des religiösen Zeitalters und die Forderung nach nichtreligiöser Interpretation religiöser Begriffe gegeben – bis hin zu Soziologen wie Thomas Luckmann, der in den 70er Jahren das "Schwinden der religiösen Transzendenzspannweiten" diagnostizieren konnte), zugleich aber auch die berechtigten Forderungen nach theologischer Religionskritik (meisterhaft durchgeführt in Calvins Institutio und in der Kirchlichen Dogmatik Karl Barths) nicht einfach irgendeinem Zeitgeist opfern darf.

Ich wage die These, dass Bultmanns Entmythologisierung, richtig verstanden und auf die religiöse Landschaft der Gegenwart bezogen, als vordringliche Aufgabe für Theologie und "Kirche" nicht hinter, sondern im Gegenteil wieder vor uns liegt.

Diese Aufgabe ist ernst zu nehmen.

Daher geht es bei der Synodalbeauftragung darum, in Analogie zum ersten Schöpfungsbericht, der ja die babylonischen Gestirnsgottheiten zu bloßen Lichtspendern depotenziert, in klarer Apologie das Wesen des christlichen Glaubens gegen den Trend der Moderne hin zu "religionsförmigen Neomythen" (so der Giessener Systematiker Linus Hauser in seiner bahnbrechenden Neuerscheinung: "Kritik der neomythischen Vernunft") zu behaupten.

Denn diese transzendieren je auf ihre Weise die Endlichkeit des Menschen. Damit negieren sie die radikale Angewiesenheit des Menschen auf Erlösung aus "diesem Leib des Todes" (Röm.7,24), eine Erlösung, die im christlichen Verständnis der Glaube auf eine Errettung, die uns ebenso unverfügbar ist, wie sie uns aus Gnaden erreicht, ist.

Die Beauftragung für Sekten- und Weltanschauungsfragen ist von daher vor allem eine Beauftragung, die eine Schneise in das neureligiöse Dickicht

schlagen will, um auf diesem Weg Entscheidungshilfen zu geben und im Zweifelsfall auch deutliche Warnungen auszusprechen.
Neben dieser apologetischen Tätigkeit ist das Amt des Beauftragten für Sekten- und Weltanschauungsfragen aber auch davon gekennzeichnet, in kritischem Dialog neureligiöse (und auch etwas ältere) Gruppierungen nach ihrem je eigenen Gottes- und Weltverständnis zu befragen, um so im Vorfeld apologetischer Aussagen Klarheit über den eigenen Standpunkt zu finden.
Dies ist vor allem auch deshalb nötig, weil eine Vielzahl neureligiöser Gruppierungen im kirchlichen Kontext beheimatet sind (etwa die nahezu unüberschaubare pentekostale Szene), diesen Kontext aufsuchen (klassisches Beispiel wäre die Anfrage, ob sich eine Reiki-Gruppe in einem Gemeindehaus treffen darf) oder sich dezidiert als Christen, sogar als "die einzig wahren Christen" verstehen (diesen Anspruch hält z.B. die WTG/Zeugen Jehovas unverdrossen hoch).
An dieser Stelle kann es nicht um bloße Abgrenzung gehen – hier ist sorgfältiges Hinsehen und durchaus auch liebevolles Urteilen geboten.
Es liegt auf der Hand, dass diese Tätigkeit eine dauernde Beschäftigung mit dem Gebiet neureligiöser Bewegungen erfordert, und dass regelmäßige persönliche Fortbildung notwendig ist, will man einigermaßen auf dem neuesten Stand bleiben.
Deshalb gehören regelmäßige Treffen der Synodalbeauftragten ebenso zum Arbeitsgebiet wie die Teilnahme an Fortbildungen der "Evangelischen Zentralstelle für Weltanschauungsfragen" in Berlin.
Beides wurde mir in der Vergangenheit dankenswerter Weise ermöglicht.
In die Gemeinden ragt die Arbeit dadurch hinein, dass ich grundsätzlich zu allen Themen, die das Gebiet neureligiöser Strömungen betreffen, Literatur verleihen oder empfehlen kann, dass ich persönliche und recht oft genutzte, vielfach seelsorgerliche Beratung anbiete, dass ich gerne in Schulklassen gehe und dort informiere (speziell der Bereich "Satanismus" erfreut sich bei Schülern anhaltender Beliebtheit), und dass ich gerne in Gemeinden und in Gemeindekreise komme und dort zu einer Vielzahl von Themen referieren kann.
Alle diese Angebote sind und bleiben kostenlos.

Neben dieser etwas breiter angelegten Selbstvergewisserung der bleibenden oder sogar steigenden Notwendigkeit, die Beauftragung für Sekten- und Weltanschauungsfragen weiter wahrzunehmen, möchte ich an dieser Stelle noch auf drei Themenbereiche eingehen, die mein Nachdenken im vergangenen Jahr geprägt haben:

2. "Passion" rules the game – oder: Wieviel Blut darf`s denn sein?

Das Medienecho war ebenso gigantisch wie kontrovers. Von "Gewaltporno" und "Blutrausch" sprachen die einen, von einem "Meisterwerk" oder der "besten filmischen Umsetzung der Passionsgeschichte" die anderen.

Selbst der Präses der Rheinischen Kirche ließ es sich nicht nehmen, in einem mehrseitigen Brief Stellung zu beziehen – ein bislang einmaliger Vorgang.

Dass der Film, um den es ging, insgesamt weder krassen Verdammungsurteilen noch dem Versuch, ihn in den Himmel zu loben, wirklich Genüge tun konnte, vermag in Anbetracht der im Vorfeld hochgepushten Emotionen vermutlich kaum jemanden zu verwundern.

Dass er aber auch an den Kinokassen deutlich hinter den Erwartungen zurückblieb, ist eine Überraschung, die wohl mit dem unter 1.) angedeuteten Bedeutungsverlust von "Kirche" erklärt werden kann.

Anders als in den USA, wo Mel Gibsons Film "Passion" überraschend hohe Besucherzahlen hatte, verschwand der Film in Deutschland recht bald wieder aus den Kinos.

Nicht aber aus der theologischen Diskussion.

Hier gab es noch erregte Stimmen zu lesen, zu einem Zeitpunkt, als der Stein des Anstoßes schon lange nicht mehr rollend besichtigt werden konnte – jedenfalls nicht in deutschen Kinos.

So ist Michael Nüchtern (Materialdienst der EZW 5/2004) Recht zu geben, der pointiert formuliert, "dass die Aufregung vor dem Start des Filmes erklärungs- und diagnosebedürftig ist und nicht der in Deutschland keineswegs überragende Zuschauererfolg".

Zusammenfassend kann man dazu anmerken, dass sich ein eher liberales und ein eher fundamentalistisches Lager gegenüber stehen – während erstere die Frage stellen, ob die breit angelegte Darstellung von Gewalt überhaupt historisch zutreffend ist (die Kreuzigung gilt gemeinhin als unblutige Hinrichtungsart, um nur ein Argument zu nennen) und ob der Sinn der Passion wirklich im maximalen Leiden Christi zu sehen ist, argumentiert die andere Seite mit alttestamentlichen Verweisen vor allem auf den leidenden Gottesknecht und die damit vermeintlich mitgegebene soteriologische Bedeutung des blutigen Leidens Christi ("...und durch seine Wunden sind wir geheilt", Jes.53,5).

Hier bricht der alte Streit um die kritische Erforschung des NT noch einmal und mit besonderer Härte durch, was die vielfach unversöhnlich nebeneinander stehenden Kommentare erklärbar macht.

Ohne hier allzu viele Einzelstimmen zu zitieren, möchte ich doch anmerken, dass Gibson m.E. den Sinn der Passion Christi deutlich verfehlt hat.

Nimmt man die für jegliche Kreuzestheologie grundlegenden Verse 1.Kor.1,18-25 ernst, dann erkennt man, dass Paulus das Kreuz gerade nicht aufgrund seiner brutalen Wirklichkeit zum Mittelpunkt seiner Theologie wählt, sondern dass das skandalon (dt.: Ärgernis) des Kreuzes darin besteht, dass sich am Kreuz die dynamis (dt.: Kraft) Gottes erweist.

Da, wo göttliche Liebe machtlos bis zum Tod ist, entfaltet sie ihre größte dynamis.

Diese paradoxe Bestimmung des Kreuzes gilt es auszuhalten.

Gibson freilich inszeniert den blutigen Tod eines Menschen, ohne dass deutlich wird, wieso ausgerechnet dieser eine Tod anders als viele andere grausame Hinrichtungen sein soll (noch einmal Michael Nüchtern, a.a.O.S. 188: "Der Film ist ein Kreuzweg, der durch nichts anderes durchkreuzt wird. Leidenswege machen Sinn, wenn es Lernwege oder Erfahrungswege sind. Nichts davon bei Gibson!").

Deutlich zeigt sich hier, dass die Passion ohne Kenntnis des Lebens Christi einer wesentlichen Grundlage beraubt ist.

Und wenn man dann noch ergänzt, dass die Auferstehung, die ja besagt, dass sich Gott mit dem Weg Christi so sehr identifiziert, dass er ihn durch die Auferstehung für alle sichtbar wieder ins Recht setzt, bei Gibson nur eine nachgeordnete Rolle spielt, dann bleibt der Eindruck hängen, dass Gibson am eigentlichen Sinn der Passion deutlich vorbei geht.

Dies gilt auch unabhängig von ästhetischen Fragen und unabhängig von der Frage, wie viel historische Authentizität sein Film vermittelt.

3. "Bitte, töte mich nicht" – oder: Wittek goes öko.

Wer im Urlaub oder auf sonstigen Fahrten öfter in den Süden unseres Landes kommt, hat möglicherweise schon einmal ein Plakat gesehen, auf dem man neben den großen Augen eines Tieres die flehentliche Bitte: "Töte mich nicht" sieht.

An dieser Bitte an sich ist gewiss nichts auszusetzen, und die Frage nach einem theologisch verantworteten Umgang mit der Schöpfung ist eine Aufgabe, die dem christlichen Glauben aufgegeben bleibt.

Wenn die Plakate trotzdem einen faden Nachgeschmack hinterlassen, liegt dies vor allem an der Gruppe, die hinter diesen Plakaten steckt.

Auf den ersten Blick wird die Kampagne von einer an sich unverdächtigen "Gabriele-Stiftung" verantwortet und erst dem Sachkundigen wird deutlich, dass hinter dieser Stiftung das "Universelle Leben" (= UL), früher bekannt unter dem Namen "Heimholungswerk Christi" (= HHW), gegründet von Gabriele Wittek (*1934), mit Hauptsitz in Würzburg steht.

Diese Gruppe ist vor allem als unbarmherzige Kritikerin aller anderen Kirchen, speziell der großen Volkskirchen bekannt, was dadurch zum Ausdruck kommt, dass das UL auch hinter der Initiative für ein "Mahnmal für die Opfer der Kirche" steckt.

Ganz aktuell (20.August 2004) wirbt UL mit einer großangelegten Plakataktion auch in Gießen gegen die Kirchensteuer, wobei sie auch vor eindeutig falschen Aussagen nicht zurückschrecken (vgl.: "Rüsselsheimer Echo" vom 20.August 2004 mit einer Stellungnahme des Pressesprechers der EKHN, Stephan Krebs). Diese Plakataktion zeigt freilich ein Dilemma des UL sehr deutlich: Inzwischen gibt es eine Vielzahl von Initiativen und Aktionen, die irgendwie mit dem UL zusammen hängen, aber nicht mehr direkt auf das UL als Verursacher zurück geführt werden können. Dies führt in der Konsequenz dazu, dass zwar viele Menschen die Initiative gegen die Kirchensteuer begrüßen werden, ohne dass dies dem UL direkt neue Sympathisanten zutreibt.

Damit wird deutlich, dass das UL vor allem darauf aus ist, "Kirche" in der Öffentlichkeit anzuprangern. Ein destruktives Verfahren, dessen Sinn ich kaum einzusehen vermag.

Darüber hinaus gibt sich das UL große Mühe, zu zeigen, dass sie die wahren "Urchristen" sind, und als solche auch die einzig wahre Kirche.
Jenseits dieser Ansprüche bleibt aber fest zu halten, dass das UL eine sehr kämpferische und klagefreudige Gruppierung ist, die eindeutig Sektencharakter hat.

Man sollte daher bei Initiativen, die auf den ersten Blick sympathisch aussehen, immer auch nachfragen, wes Geistes Kind sie sind.

4. Quo Vadis, Gerhard Besier – oder: Ein Professor auf Abwegen.
Im letzten Jahr war er noch der, der die Sekten- und Weltanschauungsbeauftragten scharf angegriffen hat – in diesem Jahr steht er selbst in der Kritik: Gerhard Besier, inzwischen zum Leiter des renommierten Hannah-Arendt-Institutes avanciert.
So ändern sich die Zeiten...
Grund der öffentlich ungewöhnlich heftig geäußerten Kritik ist das zumindest missverständliche und ungeschickte Verhalten Besiers gegenüber Scientology.
Hatte er bereits im Herbst 2003 als Gastredner bei der Eröffnung des Brüsseler Büros von Scientology fungiert und dort Scientology als Kämpferin für religiösen Pluralismus gewürdigt
(vgl. http://www.nzz.ch/2004/06/30/fe/page-article9P5JZ.html),
so setzte er im Verlauf des Jahres noch einen drauf: In der von Besier herausgegebenen Zeitschrift "Religion – Staat – Gesellschaft" wird in Heft 2/2003 die Studie der bayrischen Staatsregierung zu Scientology, die Grundlage für ein Verbotsverfahren sein sollte, gründlich verrissen.
So gründlich, dass ein Teil der Beiträge einer Absolution gleich kommt.

Zwar kann man Besier beamtenrechtlich nichts vorwerfen, gibt er doch die Zeitschrift nicht in seiner Eigenschaft als Direktor des Hannah-Arendt-Instituts heraus.
Trotzdem sei die Frage erlaubt, welcher Teufel den Direktor eines renommierten Instituts für Totalitarismusforschung reitet, wenn er nun ausgerechnet Scientology verteidigt.
Da die Besetzung des Direktorenpostens des Hannah-Arendt-Instituts allerdings ein hochrangiges Politikum ist, und da bereits Besiers Vorgänger vorzeitig gegangen wurde, ist zu erwarten, dass der Streit nicht zur Ablösung Besiers führt.
Auf den Bericht im nächsten Jahr kann man daher gespannt sein.

5. Epilog – oder: "the same procedure as ev`ry year, James"

Dem Verhaltensforscher Konrad Lorenz verdanken wir die Erkenntnis, dass sich der Mensch vom Tier vor allem dadurch unterscheidet, dass er bereitwillig jedweden Blödsinn glaubt.
Da dieser Spruch allerdings nur die halbe Wahrheit ausdrückt – neue Religiosität ist beileibe nicht immer blöd und kommt oft mit erheblichem intellektuellen Gewicht daher – steht zu erwarten, dass die Auseinandersetzung weitergeht, weitergehen muss, und es somit auch im nächsten Jahr einen Bericht geben wird.

Es sei denn, die Synodalbeauftragung fällt Sparzwängen zum Opfer...

„All die ganzen Jahre…“

1.: "Die üblichen Verdächtigen"

"Major Strasser wurde ermordet. Verhaften sie die üblichen Verdächtigen."
"Louis... Das könnte der Beginn einer wunderbaren Freundschaft sein."
(Schlußdialog aus "Casablanca")

Leider nein...

Zwar gibt es die "üblichen Verdächtigen" zuhauf, und das, was einige von diesen anrichten, ist durchaus so, dass Strafverfolgung angesagt wäre.

Und auch wundervolle Freundschaften unter denen, die sich nicht damit abfinden wollen, dass "Religion" ihre destruktive Seite hat, und die dies warnend oder auch beratend bearbeiten, gibt es.

Aber: Was es nicht gibt – immer noch nicht – das ist eine Art "spiritueller Verbraucherschutz", der seriöse von unseriösen Anbietern zu trennen hilft, der im Zweifelsfall unseriöse Angebote unter Strafe stellt, und der denen, die bereits geschädigt wurden, Hilfe und Rechtssicherheit gibt.

Von daher gibt es zwar die "üblichen Verdächtigen" – nicht aber die Verhaftung derselben.

Dies mag man in vielen Fällen durchaus begrüßen – es ist grundsätzlich gut, wenn der Staat sich nicht zum Richter über den Glauben der Menschen aufspielt – aber trotzdem sind immer kritische Rückfragen nötig.

Dabei denke ich weniger an die bereits bekannten "üblichen Verdächtigen".

Bei den "klassischen Sekten" kann man sogar einen Trend hin zu einer gewissen Seriosität und zu einer gewissen Dialogbereitschaft erkennen.

Allerdings ist fragwürdig, ob dies nur ein Mittel zum Zweck ist.

So gehe ich fest davon aus, dass der neuerdings erhobene staatsfreundliche Ton bei den Zeugen Jehovas (der Staat, der bislang immer das "Tier aus dem Abgrund" war, wird im "Wachturm" neuerdings deutlich positiver bewertet), vor allem dem Zweck dient, die angestrebten Körperschaftsrechte auch zu erhalten. Und leider zeigt das Urteil des OVG Berlin, dass dieses

Kalkül aufzugehen scheint. Denn allen mahnenden Stimmen zum Trotz erfüllen die Zeugen Jehovas nach Auffassung des OVG die Voraussetzungen für die Verleihung der Körperschaftsrechte. Auch wenn das Urteil noch nicht rechtskräftig ist, da das Land Berlin Beschwerde beim BVG eingelegt hat, so bleibt doch der schale Nachgeschmack zurück, dass ein Gericht die durchaus abgewogenen Stellungnahmen nahezu aller Experten und Betroffenen einfach beiseite gewischt hat.

Die Zukunft wird zeigen, ob dieses Verfahren auch beim BVG angewendet wird. Unabhängig von dieser juristischen Auseinandersetzung besteht aber nach wie vor kein Zweifel, dass die Zeugen Jehovas in theologischer Beurteilung eine klassische Sekte darstellen.

Ein wenig anders sieht es bei der Neuapostolischen Kirche (= NAK) aus.

Diese hat seit Sommer 2005 mit Dr. Wilhelm Leber als Nachfolger von Richard Fehr einen neuen "Stammapostel". Da diesem innerhalb der NAK höchste Autorität und Befugnisse zukommen, darf man gespannt sein, ob er einen Kurs der Abgrenzung oder der vorsichtigen Öffnung fahren wird.

Und dass die Gemeinschaft der "Siebenten Tages Adventisten" (= STA) schon seit Jahren in einem deutlichen Entsektungskurs ist, und inzwischen nicht mehr als "Sekte" sondern als "christliche Sondergemeinschaft", vielleicht sogar als christliche Freikirche gelten sollte, zeigt, dass die "üblichen Verdächtigen" in Bewegung geraten sind.

Die weiteren "üblichen Verdächtigen" der vergangenen Jahre haben im Berichtszeitraum vor allem genervt:

Das "Universelle Leben" mit seinen diversen anhängenden Initiativen durch großformatige Plakatwände (aktuell prangt in Gießen ein schaurig-kitschiges Plakat, demgemäß Jesus nicht Mann der Kirche sondern Mann des Volkes war... - neu ist diese Erkenntnis nun wirklich nicht), die vor allem zeigen, dass das Universelle Leben offensichtlich über erhebliche Geldmittel, ein fest sitzendes Feindbild und allenfalls mittelmäßige Grafikdesigner verfügt.

Und der aus diversen Synodalberichten bekannte Professor Gerhard Besier durfte auf dem letzten Jahrestreffen des Evangelischen Pfarrvereins im Rheinland als Festredner noch einmal seine Theorie, wonach speziell die großen Kirchen eine Gefahr für die offene Gesellschaft darstellen, ausbreiten

– ein Umstand, den ich mit Austritt aus diesem Verein quittiert habe.
Und was die Verdächtigen par excellence der vergangenen Jahre, die Scientologen, angeht: Hier ist es erstaunlich ruhig geworden. Zeitweilig hatte man den Eindruck, dass die amourösen Irrungen und Wirrungen des bekennenden Scientologen Tom Cruise so ungefähr das Einzige sind, was von Scientology überhaupt noch wahrnehmbar ist.
Tom Cruise war es denn auch, der zum Start von Steven Spielbergs Remake von "War of the Worlds" in einem SPIEGEL-Interview breit zu Wort kommen durfte. Dabei wurde deutlich, dass Scientology nichts an Aggressivität eingebüßt hat, wohl aber derzeit darum bemüht ist, sich vor allem in Bereichen, die gesellschaftliche Anerkennung versprechen (vor allem Drogentherapie) zu profilieren. Ein Eindruck, den ein Bummel durch Hannover am Rande des Kirchentages bestätigte: Im Hannoveraner Scientology-Center gab es vorwiegend Broschüren zur Drogenproblematik und die von mir halb befürchtete und halb erhoffte Befragung unterblieb völlig. Auch hier merkt man die Bemühung um eine Imagekorrektur – eine Bemühung, die die vielfältigen Probleme mit Scientology allerdings nicht vergessen machen kann.
Wie gesagt...
Es waren weniger die "üblichen Verdächtigen", die im vergangenen Jahr von sich reden machten.
Probleme bereiteten eher die "üblichen Unverdächtigen".
Hier bewegt sich ein Teil der Gruppen in eindeutig kriminellem Fahrwasser:
So bewegte im vergangenen Jahr der Fall "Lea Laasner" Medien wie Weltanschauungsbeauftragte. (vgl. Lea Sakia Laasner: Allein gegen die Seelenfänger. Meine Kindheit in der Psychosekte. Aufgezeichnet von Hugo Stamm, Frankfurt am Main 2005) Die unter ihrem tatsächlichen Namen, nicht unter einem Pseudonym, schreibende junge Schweizerin (Jahrgang 1980) berichtet in diesem Buch von ihrer Kindheit in der esoterisch geprägten "Ramtha-Gruppe" (bzw. "Licht-Oase") um das Medium "Janet". Diese etwa 40 Personen starke Gruppe, die von Janets Lebenspartner "Benno" (beide Namen sind leider Pseudonyme) tyrannisch geführt wurde, war aufgrund ihrer Größe vorher vermutlich nur sehr versierten Kennern ein Begriff. Bedingt

durch nahezu völlig Isolation nach außen und eine Odyssee durch Österreich, Bayern, Portugal bis hin zu einer Farm in dem mittelamerikanischen Staat Belize gab es auch so gut wie keine Möglichkeit, diese Gruppe wahrzunehmen. Daher hatte Benno leichtes Spiel, Lea Laasner ab ihrem 13. Geburtstag über 8 Jahre hinweg als Geliebte und Opfer äußerst sadistischer Sexualpraktiken zu missbrauchen. Diesem Terror konnte sie sich mit Hilfe eines belizianischen Polizisten entziehen um dann in die Schweiz zu fliehen, wo sie bei Verwandten untergekommen ist. Auch wenn der von ihr angestrengte Prozess wohl wenig Aussicht auf Erfolg hat, so zeigt dieses Buch doch deutlich, dass die Sekten- und Weltanschauungsarbeit vor einer Art Paradigmenwechsel steht: Die problematischen Gruppen differenzieren sich in kleine und kleinste Grüppchen aus, die gesamte Szene fragmentiert und selbst hochrangige Experten können die Szene kaum noch überblicken. Und zugleich passieren unfassbar grausame Dinge.

Das Internet dient hierbei als Katalysator, der Menschen ermöglicht, einander zu finden, der Gruppen eine Plattform für ihre Selbstdarstellung bietet und der vor allem im Bereich der Jugendkultur eine Menge Schaden anrichten kann.

So existieren "Selbstmordforen", die immer dann in die Schlagzeilen geraten, wenn sich mehrere Jugendliche, die sich dort gefunden haben, um sich gemeinsam umzubringen, tatsächlich ihrem Leben ein Ende gesetzt haben.

Auch wenn die Betreiber dieser Foren in der Regel darauf bestehen, dass sie helfend und erziehend arbeiten wollen, so kann man doch nicht bestreiten, dass diese Foren als "Trigger" wirken können und dass hier Menschen zusammen kommen, die sich im realen Leben nicht begegnet wären – und das wäre auch gut so gewesen.

Daneben existieren "Verschwörungsforen" und Foren, in denen sich die Anhänger vermeintlich harmloser Rollenspiele treffen, die dann aber insofern nicht mehr harmlos sind, als diese Foren in den Bereich des harten Satanismus verlinken und die begleitend zu den Rollenspielen zum Teil extrem grausame Bücher empfehlen.

Auch wenn natürlich nicht jeder Rollenspieler und schon längst nicht jeder Internetuser in Gefahr steht, einer Sekte oder einem destruktiven Kult anheim

zu fallen, so ist doch verschärfte Aufmerksamkeit vonnöten.
Insgesamt bestätigt sich aber ein Satz, den der Journalist Rainer Fromm auf dem letzten Treffen der Synodalbeauftragten gesagt hat: "Eigentlich ist das kein schlechter Job. Man hat immer etwas zu tun".
Dass es allerdings immer weniger sind, die diesen Job tun, da aufgrund von Sparzwängen immer mehr Landeskirchen ihre landeskirchlichen Stellen streichen, erschwert die Arbeit zusätzlich und ist ein Umstand, der eigentlich heftig kritisiert werden müsste. Denn in einer Welt, in der die religiöse Szene immer unüberschaubarer, vielfältiger und zugleich für den Einzelnen gefährlicher wird, müsste die Anzahl der Fachleute eigentlich erhöht werden. Und nicht erniedrigt.

Abseits dieser übergeordneten Perspektive waren es vor allem zwei Ereignisse des vergangenen Jahres, die mich beschäftigt haben.

2.: "geschüttelt... - nicht gerührt..."
Überraschend mager fiel das Echo auf den 250.Geburtstag Samuel Hahnemanns, des Begründers der Homöopathie, aus. Gerade bei diesem Jubiläum, das einer der wichtigsten Gestalten der Komplementärmedizin galt, hätte ich deutlich mehr Echo und vor allem deutlich kontroversere Diskussionen erwartet.
Vielleicht liegt es daran, dass alles, was über die Homöopathie zu sagen ist, bereits gesagt wurde?
Denn nach wie vor stehen sich Befürworter und Gegner nahezu unversöhnlich gegenüber: Auf der einen Seite die Gruppe derjenigen, die darauf besteht, dass die hochpotenzierten Medikamente, die in der Homöopathie Anwendung finden, so hoch potenziert sind, dass die Wirkstoffe unter die Grenze der chemischen Nachweisbarkeit gedrückt werden und es mithin eigentlich gar nichts mehr gibt, das wirken könnte (zu Recht – die durchaus übliche Hochpotenz D30 drückt die Zahl der Moleküle unter die sogenannte Avogadro-Zahl. Mithin kann man spitz sagen: "Wo Belladonna D30 draufsteht, ist kein Belladonna drin" – so Martin Lambeck, Irrt die Physik. Über alternative Medizin und Esoterik, München 2003, S.67).

Und auf der anderen Seite die Gruppe derjenigen, die auf die Wirksamkeit homöopathischer Behandlungen hinweisen und auch darauf, dass homöopathische Behandlungen auch bei Kleinkindern und Tieren, also Patienten, bei denen nicht von einem Placeboeffekt auszugehen ist, wirken.

Freilich erschwert der Umstand, dass die in der "Schulmedizin" üblicherweise angewendete Doppelblindstudie in der Homöopathie als Verifikationsmethode ausscheidet, die Beurteilung darüber, wie denn nun eigentlich "wirksame Heilung" definiert werden kann.

Lässt man sich allerdings darauf ein, dass es eine ausreichend hohe Anzahl von Menschen gibt, die von wirksamer homöopathischer Behandlung berichten, stehen zwei wesentliche Fragen im Raum:

- Was wirkt da eigentlich?
- Welche Gültigkeit kommt dem Grundsatz "Wer heilt hat Recht" zu?

Auf die erste Frage gibt es im Wesentlichen drei mögliche Antworten: Zum einen die Behauptung, dass in der Homöopathie magische Kräfte wirken, zum zweiten die Behauptung, dass das Weltbild der Physik defizitär ist und dass Wasser die Informationen des Wirkstoffes speichern kann und zum dritten die Behauptung, dass es vor allem die individuelle, auf den Patienten abgestimmte Form der Behandlung durch den Homöopathen ist, die zu entsprechenden Heilungen führen kann.

Je nachdem, welche Erklärung man vorzieht, wird man die Homöopathie aus christlicher Sicht entweder strikt ablehnen müssen oder sie in gewissen Grenzen als Ergänzung schulmedizinischer Behandlungen akzeptieren können.

Doch auch dann, wenn man die Homöopathie aus christlicher Sicht akzeptieren kann und nicht von magischen Kräften oder defizitärer Physik ausgeht, ist damit noch nicht viel ausgesagt.

Im christlichen Kontext wäre vielmehr zu definieren, ob die derzeit angesagte Hochschätzung körperlicher Gesundheit wirklich alles ist, was zum Thema "Gesundheit" zu sagen ist. Gerade dann, wenn man um die Leiden der Propheten des AT weiß, gerade dann, wenn man weiß, dass Jesus empfiehlt, im Zweifelsfall auf Auge oder Hand zu verzichten, um das Reich Gottes zu erlangen (Mt.5,29+30), gerade dann, wenn man das Ringen des Paulus um seinen "Pfahl im Fleisch" weiß (2.Kor.12,7 – ich gehe aufgrund der paulinischen Redeweise davon aus, dass es hier um eine real existierende Krankheit oder Behinderung geht), wird man aus biblischer Sicht vorsichtig mit der Forderung "mens sana in corpore sano" umgehen. Leider kann ich dies nur andeuten – ich bin gerne bereit, dies in entsprechenden Kontexten breiter auszuführen.

3.: "Wann kommt die Flut ?" - Der Tsunami und die Esoterik

Kann man im Zusammenhang mit der Homöopathie noch trefflich streiten und muss man den Befürwortern zumindest ihren guten Willen zugutehalten, so sprengen die esoterischen Deutungen der Tsunamikatastrophe vom Dezember 2004 eigentlich alles, was gesunder Menschenverstand noch zu akzeptieren in der Lage sein sollte.

Einmal abgesehen davon, dass diese Katastrophe offenbar von keinem der zahllosen Wahrsager und Medien auch nur ansatzweise vorher gesagt worden war, waren die Deutungen danach von einem kaum zu überbietenden Zynismus geprägt.

Harmlose Varianten redeten nur davon, dass sich "Mutter Erde gerächt" habe.

Auch dann, wenn mir durchaus nicht deutlich ist, seit wann die Erde ein fühlendes und rachsüchtiges Wesen ist, stellt sich doch die Frage, wieso die Menschen in Thailand, Sri Lanka oder Indonesien diese Rache verdient hatten.

Wäre die Flutwelle mit einer anderen Richtung in Kalifornien gelandet, hätte es vermutlich den einen oder anderen Menschen gegeben, der auf den (in diesem Fall allerdings nicht bestehenden) Zusammenhang mit der amerikanischen Klimapolitik hingewiesen hätte.

Aber so ?

Denn dass unter den Opfern auch viele Touristen aus dem Westen waren, mag doch nicht verdecken, dass die Katastrophe vor allem arme Menschen getroffen hat, Menschen, denen gegenüber sich irgendeine pseudoökologische Rachevorstellung von selbst verbieten sollte.

Andere Erklärungsmuster freilich waren noch krasser.

Einmal mehr musste die Lehre von Karma und Reinkarnation dazu herhalten, ein im Grunde unerklärliches Geschehen für den westlichen Gebrauchsesoteriker erklärbar zu machen.
Eine Auslegung – in diesem Fall aus einem Channeling der Kryonschule im bayerischen Rosenheim, übermittelt von einem Wesen namens "Melek Metatron" liest sich dann so: "Stelle dir vor, wenn du die Bilder des Schreckens siehst, dass diese Seelen zugestimmt haben, zu gehen und somit ihren Auftrag zu erfüllen. Manche Seelen haben nur zu diesem einen Zweck inkarniert und hatten somit einen großen Auftrag." (zitiert nach "Confessio" 1/2005, S.8f).
Oder man lässt wie Geza von Nemenyi, Allsherjagode der Germanischen Glaubensgemeinschaft, die Götter einfach zornig sein, weil die Urlauber sich nun mal nicht mit Tod, Kälte und Winter (wo eigentlich verbringt Herr von Nemenyi diesen ? - In Deutschland jedenfalls nicht. Da gibt es im Winter seit einiger Zeit keine Kälte mehr...) auseinandergesetzt, sondern sich "stattdessen faul in der tropischen Sonne gewälzt" haben (zitiert nach "Confessio" 1/2005, S.7).
Alles klar ?
Und die Erde ist eine Scheibe und wenn man genau hinsieht, wird man feststellen, dass der Rhein den St. Gotthard hoch fließt.
Dass es Menschen gibt, die so etwas vertreten und dafür sogar Geld zu zahlen bereit sind, deutet an, dass es Zeit für einen wuchtigen Epilog ist.

4.: Epilog: Wie viele lange Jahre dauert der Schlaf der Vernunft ?

Eines der herausragenden Bilder von Francisco de Goya trägt den Titel: "Der Schlaf der Vernunft bringt Ungeheuer hervor".
Dieses Bild, Blatt Nr.43 der Caprichos, zeigt den träumenden Künstler umgeben von Nachtgespenstern.
Damals fasste es den vermeintlichen Triumph der Aufklärung in ein Gegenbild.
Ein Bild, das bis heute nichts von seiner doppeldeutigen Wahrheit eingebüßt hat:
Da, wo die Vernunft schläft, haben Nachtgespenster und Monster leichtes

Spiel und da, wo die Vernunft sich im Traum selbst überhebt, gebiert die sich selbst überhebende Vernunft die Schrecken, die sie zu bannen einzig im Stande ist.
Goyas Bild nun zeigt einen vereinzelten Menschen.
Wie ist es, wenn einer Gruppe die Vernunft abhandenkommt?
Wie ist es, wenn eine Gruppe von Menschen aus der Vernunft und in den Traum flüchtet?
Was passiert, wenn die "sanfte Verblödung" (H.E. Richter) ungebremst weiter geht?

Wenn einer träumt, dann ist es nur ein Traum.
Wenn viele gemeinsam träumen, dann kann das der Beginn einer furchtbaren Wirklichkeit sein.
Theologie, die sich an der jüdisch-christlichen Tradition orientiert, kann hier nur entschlossen gegensteuern.
Denn diese Tradition ist im besten Sinne aufklärerisch, entmythologisierend und ideologiekritisch.
Von daher kann die Aufgabe im Angesicht zunehmend schlafender Vernunft eigentlich nur lauten: "Theologie und nur Theologie."
So sei es...

„All die ganzen Jahre…“

1.: "Thema. Andante. Langsam langsamer werdend"

Aus der Sicht eines Sekten- und Weltanschauungsbeauftragten ist es ein eher langweiliges Berichtsjahr, das nun langsam zu Ende geht.

Gewiss: Den einen oder anderen Misston gab es schon und zumindest zwei Intermezzi sind eines eingehenderen Berichtes würdig.

Trotzdem: Die großen Themen fehlen, die großen Entwicklungen sind ausgeblieben, „wir“ sind weder Papst noch Weltmeister (noch Scientologen oder Satanisten oder…) geworden und die Protagonisten vergangener Berichte glänzten vor allem durch die Wiederkehr des ewig Gleichen – falls man in diesen Fällen von „glänzen“ reden kann:

So wusste es – Misston Nr. 1 – das **„Universelle Leben“** mal wieder ganz genau:

Das, was wir derzeit als Bibel kaufen können und lesen dürfen (müssen?), ist gar nicht die „richtige“ Bibel, sondern eine von Hieronymus geschickt im Namen der Kirche angelegte Fälschung. Wer, wie ich, bislang großen Respekt vor der Arbeit des Münsteraner Textforschungsinstituts hatte, muss sich belehren lassen, dass „Gabriele“ (gemeint ist Gabriele Wittek, die Gründerin des „Universellen Lebens“) es offenbar besser weiß. Denn immerhin hat Jesus Christus mit ihr persönlich geredet und bei der Gelegenheit zahlreiche Fehler „unserer“ Bibel kommentiert oder gleich verbessert.

Dies verbreitet das „Universelle Leben“ nicht nur über zahllose Plakate, die bisweilen auch im heimischen Raum gesehen werden konnten, sondern auch im Internet (http://www.universelles-leben.org/deutsch/index.html).

Was immerhin den Vorteil hat, dass man die „wahre Bibel“, die inzwischen alle „wahren Christen“ kennen, als pdf herunter laden und sich 13 Euro zuzüglich Porto und Verpackung sparen kann (und der Gruppe auf diesem

Weg auch nicht persönlich bekannt wird, was ein Vorteil sein kann…).
Lust zu lesen machen die 1102 Seiten allerdings auch als pdf nicht.
Und insofern hoffe ich, dass dieser Misston früher oder später an der eigenen Bedeutungslosigkeit zugrunde gehen wird.

Auch **Gerhard Besier** – Misston Nr. 2 – weiß es ganz genau. Dass Sekten- und Weltanschauungsbeauftragte „Moderne Inquisitoren“ sind, hat er bereits vor Jahren verbreitet. Wesentlich differenzierter ist seine Analyse seitdem nicht geworden – in einigen Artikeln in durchaus breitenwirksamen Zeitungen variiert er diese These bis heute.
Sympathischer oder auch nur sachgemäßer wird seine Meinung dadurch nicht.
Ein weiterer Misston betrifft leider den weiteren Umkreis „frommer“ Verkündigung.
Zu kaum einer anderen Veranstaltung habe ich im vergangenen Jahr mehr Anfragen bekommen als zu **„Calling All Nations“** am 15.Juli in Berlin. Dies ist insofern schade, als CAN natürlich keine „Sektenveranstaltung“ war.
Trotzdem war die Auswahl der Redner gelinde gesagt unglücklich, was zu einem nicht gerade positiven Presseecho führte (vgl. nur http://www.ndrtv.de/panorama/archiv/2006/0720/sektenchristen.html).
Und wenn profilierte Evangelikale wie Theo Lehmann eine ebenso profiliert evangelikale Plattform wie das IDEA-Spektrum nutzen, um ihre Kritik zu äußern, dann wird deutlich, dass die paulinische Mahnung, „lieber 5 Worte mit dem Verstand zu reden als 10.000 Worte in Zungen“ (1.Kor.14,19) bis heute ungebrochen aktuell ist. Nachdenklich sollte es zumindest machen, wenn eine Veranstaltung, die als Anbetungsveranstaltung gedacht war, zu derartigen Missverständnissen führt.

Der letzte Misston betrifft **Scientology**. Nachdem es um diese Gruppe in den vergangenen Jahren erstaunlich ruhig geworden ist – noch Mitte der 90er Jahre galt Scientology als „die“ Sekte – gibt es derzeit ein kurzes, aber heftiges mediales Comeback. Dies deshalb, weil Scientology verstärkt in den Nachhilfesektor drängt.

„All die ganzen Jahre…“

Auch wenn dies in ungefähr so überzeugend klingt wie ein Antirassismusworkshop des Ku-Klux-Klan, so kann man doch nicht verhehlen, dass sich nach Angaben des Philologenverbandes (http://www.netzeitung.de/deutschland/427230.html) die Zahl der von Scientology betriebenen Nachhilfeinstitute in den letzten 10 Jahren auf 30 erhöht und damit mehr als verdreifacht hat.

Dies entspricht der Strategie, verstärkt auf Kinder und Jugendliche zu setzen. Zwar stellen die ca. 30 bekannten Institute nur eine kleine Zahl im Verhältnis zu ca. 4000 anerkannten privaten Nachhilfeinstituten dar und so sollte man die Gefahr nicht zu hoch ansetzen.

Trotzdem wird deutlich, dass Scientology nach wie vor mit verschiedensten Tarnorganisationen zu punkten sucht, und dass es von daher sinnvoll ist, bei allen Angeboten von fragwürdigen Organisationen klar und deutlich nachzufragen.

Töne, die kein Misston, sondern eher ein Wohlklang waren, möchte ich auch nicht verschweigen. Dazu gehörten im vergangenen Jahr vor allem Äußerungen der Wittener „Satansmörderin“ Manuela Ruda.

In einem Beitrag, der zuerst im ZDF erschien und dann über das Internet verbreitet wurde (vgl. http://www.zdf.de/ZDFde/inhalt/0/0,1872,3921088,00.html) zeigt sie deutlich Reue und Einsicht in ihre Taten. Der ausgewiesene Satanismusexperte Dr. Rainer Fromm resümiert denn auch: *Deutlicher als Manuela Ruda kann man eine Distanzierung von der Satanistischen Wahnwelt, der immer mehr Jugendliche verfallen, kaum artikulieren. Manuela Ruda: "Ich denke, ich bin alles andere als ein Vorbild, und wenn man da mal richtig dahinter schaut, sieht man kein Glamour dahinter. Und keine Szenegröße oder sonst was. Ich bin Straftäter!"* Es wäre wünschenswert, wenn diese Haltung auf mögliche Nachahmer eine aufklärende und abschreckende Wirkung hätte.

2.: Intermezzo I – Presto. Ridiculo

Die wohl heftigste Diskussion des vergangenen Jahres entzündete sich an der Verfilmung von Dan Browns Bestseller „Sakrileg“.

Auch wenn die Verfilmung in künstlerischer Hinsicht die hohen Erwartungen nicht erfüllen konnte – immerhin konnte Tom Hanks für die Hauptrolle gewonnen werden und das ließ eine gewisse Qualität erwarten – so wurden die Erwartungen an den Kinokassen doch erfüllt. „Sakrileg“ dürfte neben „Fluch der Karibik 2“ der erfolgreichste Film des Jahres sein bzw. werden. Dies liegt wohl weniger an der Qualität von Film und/oder Romanvorlage als vielmehr daran, dass bereits im Vorfeld ein Skandal inszeniert wurde, der die Nachfrage deutlich beflügelte. Einmal mehr bewahrheitete sich, dass ein Skandal eher nützt als schadet, und dass vermutlich der beste Umgang mit missliebigen Inhalten darin besteht, selbige weitgehend tot zu schweigen.

Aber – so sollte man fragen – aber:

War es denn wirklich der Skandalfilm des Jahres?

Ist das, was Dan Brown mehr oder weniger frei zusammenfabuliert hat, wirklich so schlimm, dass über ein Verbot, womöglich gar über eine Indizierung oder eine Bücherverbrennung nachgedacht werden musste oder auch nur konnte ?

Denn im Grunde enthalten „Sakrileg“ und das ähnlich gestrickte „Illuminati“ desselben Autors nur einen kruden Mix aus so ungefähr allem, was es an populären Verschwörungstheorien gibt: Natürlich der Vatikan mit seiner Geheimpolizei, dem Opus Dei, natürlich die Templer, natürlich die Illuminaten (die sind ohnehin das Schweizer Taschenmesser sämtlicher Verschwörungstheorien), dann noch die „Prieur Sion“ (eine geheime Bruderschaft, die angeblich 1099 gegründet wurde um das Geheimnis des Grals zu hüten und deren Existenz Brown ausdrücklich als Faktum behauptet) und vor allem das Sakrileg, das dem Buch seinen Namen gab – die Vorstellung nämlich, dass Jesus mit Maria von Magdala (bis zu Brown freilich hat sich dieser Name noch nicht rumgesprochen – er redet durchgehend von „Maria Magdalena“) Vater eines Sohnes war und dass das „wahre Evangelium“, das matriarchal geprägt war und dessen Priesterin Maria von Magdala war, von Kaiser Konstantin aus machtpolitischen

Gründen manipuliert wurde. Eine Manipulation übrigens, die die katholische Kirche dann über mehr als 1500 Jahre aufrechterhalten hat und dies in einer Weise, die nicht einmal vor Mord zurück schreckt.
Dies alles ist im Grunde nicht sonderlich aufregend und von Umberto Eco in seinem Buch „Das Foucaultsche Pendel“ ungleich besser umgesetzt worden…
Aber: Die Vorstellung, dass Jesus tatsächlich männlich und dann noch aus Fleisch und Blut und sogar verheiratet gewesen sein könnte (mit dieser Vorstellung haben weder der Theologe Shalom Ben Chorim noch der Literat Nikos Katzanzakis irgendwelche Probleme gehabt ohne dass es größere Skandale gegeben hätte), ist immer noch für einen Skandal gut.
Wenn dann noch behauptet wird, dass es ca. 80 Evangelien gegeben hätte, von denen nur die linientreuen in die Bibel aufgenommen worden seien, dass es im Urchristentum einen Kult der „Großen Mutter“ gegeben habe (der dann von notorischen Frauenfeinden ausgemerzt wurde), dass Jesus von der Urgemeinde gar nicht als göttlich verehrt wurde – ein Dogma, das Kaiser Konstantin auf dem Konzil von Nicaea 325 aus machtpolitischen Gründen durchgedrückt habe – und dass die Kirche, speziell die katholische Kirche und da speziell das Opus Dei diese Wahrheiten seit Jahrhunderten unterdrückt habe, dann kann man im Grunde nur noch milde lächeln oder schief grinsen.
Und wenn dann noch ein Autor auftritt, der – scheinbar dokumentarisch und auf Fakten gestützt – in einer Art literarischer Schnitzeljagd nach und nach aufdeckt, was „die Kirche“ angeblich über Jahrhunderte aus reinem Interesse am Machterhalt verschwiegen hat, dann gibt es offenbar immer noch genug Leser, die bereit sind, diesem Autor zu folgen.
Dass die Behauptungen Browns jeder Grundlage entbehren, mag der Umstand zeigen, dass die Existenz der „Prieur Sion“, die von Brown im Vorwort vollmundig behauptet wird, auf einer eindeutig belegten Fälschung des Franzosen Pierre Plantard (1920-2000) beruht.
Bereits mit dieser einen Fälschung stürzt aber das gesamte Gebäude in sich zusammen.

Zu den weiteren „Quellen“, auf die sich Browns Roman stützt, und zur Kritik derselben verweise ich auf meine umfassende Darstellung im EZW-Text 207: „Der Dan-Brown-Code“.

Dieser Kritik ist im Grunde nichts mehr hinzuzufügen.

Insofern mag man „Sakrileg“ lesen – ich bin schon schlechter unterhalten worden – und sich dabei dann wundern, wieso es Menschen gibt, die diese Ansammlung von Spekulationen für reale Geschichtsschreibung halten.

3. Intermezzo II – Allegro Atacca

Das beherrschende Thema in den ersten Monaten dieses Jahres hat zwar nur am Rande mit Sekten- und Weltanschauungsfragen zu tun.

Trotzdem bestätigt es eine Erkenntnis, die in der Sekten- und Weltanschauungsarbeit zu den wesentlichen Grunderkenntnissen gehört – die Erkenntnis nämlich, dass sich Religion wie kaum ein anderes Mittel dazu eignet, Massen zu mobilisieren, Menschen zu manipulieren und den Einzelnen dazu zu bringen, kaum fassbare Taten und Verbrechen zu begehen.

Die als „Karikaturenstreit“ bekannt gewordene Auseinandersetzung um westliche Toleranzvorstellungen kann an diesem Ort nicht umfassend dargestellt werden.

Wohl aber ist es notwendig, sich die Konsequenz dieser Auseinandersetzung vor Augen zu halten: Die westliche Toleranzvorstellung ist ein Gut, dass immer wieder und notfalls auch in deutlichen Auseinandersetzungen erkämpft werden muss, soll die Alternative nicht „Rückschritt ins Mittelalter“ heißen.

Dass dabei westliche Intellektuelle vielfach ein schwaches Bild abgaben und dass ich zeitweise den Eindruck hatte, dass es – speziell auf Seiten konservativer Christen - klammheimliche Sympathien für die, die Segmente der Meinungsfreiheit gerne eingeschränkt hätten, gab, war für mich erschreckend.

Allerdings greift es m.E. zu kurz, wollte man einen „clash of civilisations“ an der christlich/islamischen Grenzlinie konstruieren.

Das, was wir im Karikaturenstreit erlebt haben, ist nicht „DAS“ Wesen „DES“ Islam sondern die logische Konsequenz eines Glaubens, der nicht

selbstkritisch und – zumindest ein Stück weit – selbstironisch unterfüttert ist. An diesem Punkt hat die „westliche“ Welt in und durch die Aufklärung sehr viel lernen können. Vielfach auch bewusst und deutlich gegen die Kirchen, aber im Endeffekt doch so, dass es allen zu Gute gekommen ist.
Die Zukunft wird wohl in erheblichem Masse davon abhängen, inwieweit „der Westen“ sich des Erbes der Aufklärung erinnert, und dieses Erbe offensiv und werbend vertritt.
Allerdings habe ich den Eindruck, dass zu Optimismus derzeit kein Anlass besteht.
Eher scheint es so, als ob die Erinnerung an dieses Erbe kraftlos wird und durch mehr oder weniger belanglose esoterische oder sonst wie religiöse Schaumschlägerei ersetzt wird.

Vielleicht – das ist meine Hoffnung – kann die Auseinandersetzung mit dem Islam der Schärfung des aufklärerischen Profils von (christlicher) Religion dienen ?
Ansonsten droht wohl eine Zukunft, die wahlweise von „sanfter Verblödung“ (Horst Eberhard Richter) oder totalitärem religiösen Fundamentalismus geprägt ist.

4. Thema… noch einmal: Musik

Musik ist wirklich nicht beherrschendes Thema in der Sekten- und Weltanschauungsarbeit. Und mit Ausnahme des „Guru-Pfaus“ (Harald Lamprecht) Sri Chinmoy, der die Welt auch im vergangenen Jahr mit einer Tournee beglückte, die in etwa dem Niveau schlechter Musikschulen entsprach, sowie mancher mehr als grenzwertiger Äußerungen von Karl-Heinz Stockhausen fällt mir nichts direkt zu diesem Thema ein.

„All die ganzen Jahre…“

Daher zum Abschluss meine Meinung zur Populärkultur in einem bewusst subjektiven Emo-Cluster:

(K)eine bessere Welt

Ich hatte einen Traum:

Es war eine von den Nächten, die dunkler als dunkel sind, eine von den Nächten, in denen klar ist, dass der Barkeeper der letzte Mensch ist, der mit einem ausharrt, eine von den Nächten, in denen alle Stühle auf den Tischen stehen, alle Menschen gegangen sind – an so einen Ort kommt man ohnehin nie in Begleitung - eine von den Nächten, in denen der Blues aus allen Poren tropft, eine von den Nächten, die sich ins Gehirn einbrennen, weil sie etwas Besonderes darstellen.

Natürlich: Ein leichter Nebel liegt über dieser Nacht.

Eine ganz eigentümliche Mischung aus Schweiß, Tränen, Alkohol und Kerzenruß, eine Mischung, die den Blues treibt und zugleich deutlich macht, dass man vielleicht nicht mehr so ganz unter den Lebenden ist.

Aber immerhin gelebt hat – und wer kann das noch von sich sagen?

Eine von den Nächten, die ohne Wort auskommt.

Ein Blick zum Barkeeper.

Der Talisker fließt immer noch… Lange wird er nicht mehr halten.

Was soll's? Der Whiskeyführer empfiehlt ohnehin, nachher nichts mehr zu trinken, um den Geschmack nicht zu töten. Und daran wollen wir uns doch halten, oder?

„All die ganzen Jahre…“

Noch ein Blick…

In einer Welt aus Plastik und Kommerz, einer Welt, in der Gott tot, Liebe eine Lüge und Sex belanglos ist, in einer solchen Welt ist es gut, zumindest einen guten Barkeeper zu kennen.

Verstehen in den Augen.

Wortlos.
Aber tief.

"Spiel es noch einmal…" – dies könnten die Worte sein, gäbe es in dieser Nacht noch Worte.

Und dann läuft es…

Bohren und der Club of Gore.

Ultralangsame, düstere, traurige Elektronikschwaden. Und darüber ein einsam klagendes Saxophon, das mehr von Verlust, Tod und Sehnsucht weiß als der gesamte Hollywoodausstoß eines Jahres (Schmachtfetzen wie Titanic eingeschlossen).

Wer solche Musik macht, der reißt seine Seele auf und lässt faszinierte Zuhörer daran teilhaben.

Sollte Kunst nicht so sein?

Zumindest ab und zu das Gefühl vermitteln, dass ein Zuhörer eine Art Vampir ist, der sich von der Seele des Künstlers ernährt?

Die Musik steht im Raum.

Seltsame Klänge. Sie künden trotz aller Trauer vom Leben.

Vielleicht kein angenehmes Leben, wohl aber ein Leben, das darum weiß, dass auch der Schmerz zum Leben hinzugehört.

„All die ganzen Jahre…“

"Ich liebe Schmerzen…" – vielleicht nicht.

Aber ich nehme sie als Teil des Lebens hin.

Und fühle so, dass ich lebe.

Das Erwachen ist grausam.

Eingeschlafen bin ich - und das vor dem Fernseher.

Aus irgendeinem Grund läuft DSDS. Ein recht schmieriger Typ singt "Ev'rything I Do, I Do It for You". Schon bei Brian Adams ein widerlicher Schmachtfetzen. Hier weiß ich nicht, ob die Haare des Interpreten oder der Song schmieriger sind.

Nachher…

Nachher überschlägt sich die Jury mit Schleim.

Wer eigentlich erlaubt, dass solche Typen sich nicht nur zum Richter aufspielen, sondern außerdem noch Millionen von deutschen Kids mit ihrer Meinung verblöden?

Wieso gibt es für Bohlen keinen Sticker der EU, der auf mögliche Gesundheitsgefährdung hinweist?

Was ist nur los in dieser Welt?

Und das Grauen ist noch nicht zu Ende…

Angekündigt ist Vanessa und sie meuchelt "Knockin' on Heaven's Door".

Bringt dabei die Unverschämtheit zustande, dieses herausragende Produkt der Rockgeschichte der Dumpfdohle Mariah Carey zuzuschreiben.

Keiner protestiert.

Und ich beginne zu ahnen, dass diese Dame kein Spiegelbild hat.

„All die ganzen Jahre…“

Denn ohne Seele geht das nicht.

Ich erhebe mich.

Lasse mir das ganze Desaster noch einmal vom Magen durch den Kopf gehen.

Wanke ins Bett.

Und hoffe, dass ich von einer besseren Welt träumen kann.

1.: "Do you know Ellen James" ?

Eher nicht, wie ich annehme.

Ellen James ist eine Figur des amerikanischen Schriftstellers John Irving, die in seinem Buch "Garp und wie er die Welt sah" eine wichtige Rolle spielt.

Sie wurde als junges Mädchen vergewaltigt und – damit sie nicht vor Gericht aussagen kann – derart verstümmelt, dass der Täter ihr die Zunge abschnitt.

Im Roman nun gibt es eine kleine, sehr kämpferische Gruppe von Frauen, die sich aus Solidarität, aber auch gegen den ausdrücklichen Willen von Ellen James die Zungen abschneiden um dann allen Männer, deren sie habhaft werden können, mittels handgeschriebenem Zettel die Frage: "Wissen Sie, was eine Ellen-Jamesianerin ist ?" zu stellen.

Dies dann verbunden mit z.T. rabiatem Feminismus, der auch vor Mord (Garp, die Hauptfigur des Romans fällt einem Mord zum Opfer) nicht zurück schreckt.

In den Figuren der Ellen-Jamesianerinnen ist John Irving m.E. ein beklemmendes Bild von political correctness und Überidentifikation mit Opfern gelungen.

Ein Bild, das gar nicht so weit von der Realität entfernt ist.

Ein Bild auch, das m.E. gut geeignet ist, einen grellen, vielleicht sogar übertrieben grellen Lichtkegel auf eine Handreichung der Rheinischen Kirche aus dem vergangenen Jahr zu werfen: Der Leitfaden "Die wichtigsten Religionen und Weltanschauungen", der im September 2006 erstmalig erschien und seit Mai 2007 in 5.Auflage vorliegt.

Dass es innerhalb eines halben Jahres fünf Auflagen gab, ist m.E. weniger ein Zeichen der Qualität des "Leitfadens", als vielmehr Ausdruck eines Mangels an Informationen über andere Religionen und Weltanschauungen.

„All die ganzen Jahre…“

Auch wenn es – speziell im Bereich der Religionspädagogik – hervorragendes Material gibt (besonders zu empfehlen ist der "Knigge der Weltreligionen" von Christoph P. Baumann), auch wenn die VELKD im Dezember 2006 ihr umfassendes "Handbuch Religiöse Gemeinschaften und Weltanschauungen" neu herausgegeben hat (dieses Handbuch enthält auch Antworten auf ganz praktische Fragen, etwa nach der Vermietung kirchlicher Räume – der freundliche Weltanschauungsbeauftragte des Kirchenkreises hat dieses Buch sicher in seiner Bibliothek, für den "Normal-Pfarrer" dürfte es zu speziell und zu teuer sein), so scheint doch der günstige Preis und vor allem die anschauliche Darstellung des "Leitfadens" überzeugend gewirkt zu haben.

Dabei möchte ich ausdrücklich positiv anmerken, dass die nun vorliegende 5.Auflage eine Reihe von Kritikpunkten an der 1.Auflage aufgenommen hat.

Leider ohne dies deutlich zu vermerken.

Und trotzdem: Hieß es im Vorwort zur 1.Auflage noch programmatisch "Für Wertungen und eine kritische Auseinandersetzung ist in diesem Zusammenhang kein Raum" (S.3), so findet sich nun z.B. in der Darstellung der Zeugen Jehovas die kritische Feststellung "Aus ihrer Ablehnung von Bluttransfusionen ergeben sich immer wieder in der medizinischen Behandlung und Pflege massive Konfliktsituationen, die z.B. dem Auftrag des Arztes, Leben zu erhalten, gegenüberstehen" (S.47/48).

Dies ist eine deutliche und berechtigte Wertung.

Ebenso deutlich gewertet wird mit dem Umstand, dass Scientology, die immerhin mit dem Anspruch auftreten, "Kirche" zu sein und Seelsorge und Therapie zu treiben, und die in Deutschland deutlich mehr Mitglieder haben als die im "Leitfaden" erwähnten Rastafari, überhaupt keine Erwähnung findet. Natürlich hat dies gute Gründe.

Doch wer diese Gründe in Anrechnung bringt, sollte durchgehend kritisch werten.

Es käme der Sache zugute.

Auffällig ist auch, gegenüber der 1.Auflage manche Gruppen, die man wirklich nicht als Religionsgemeinschaft im engeren Sinne bezeichnen kann (Humanismus, Paganismus, Spiritualismus), nicht mehr aufgeführt werden oder aber als Sondergruppe geführt werden (Sinti und Roma). Das ist zum einen natürlich sinnvoll – "Spiritualismus" etwa ist als religiöse Gruppe weder organisiert noch greifbar – zum anderen aber auch Konfliktvermeidung an Punkten, wo es wirklich schwierig werden könnte. Denn dass es in Teilen der Neuheidnischen Bewegung Anhänger der "Neuen Germanischen Medizin" des Ryke Geert Hamer gibt (diese wird aufgrund ihrer Bestreitung konventioneller Krebstherapien immer wieder zum Problem, ein Problem, das durchaus mit einem Prozess vor Gericht enden kann, vgl. http://de.wikipedia.org/wiki/Neue_Medizin), sollte ebenso erwähnt werden wie der Umstand, dass der militante Flügel der Konfessionslosen die wohl deutlichsten Angriffe gegen christliche Symbolik und gegen christliches Gedankengut fährt.

Deutlicher jedenfalls, als es von nichtchristlichen Religionen gegenwärtig geschieht.

Trotzdem ist die vorliegende 5.Auflage brauchbarer als die m.E. völlig unausgegorene 1.Auflage.

Wenn ich den "Leitfaden" trotzdem sehr kritisch sehe und ihn auch in überarbeiteter Form am liebsten zurückgezogen sähe, dann liegt dies vor allem an zwei Umständen:

Zum einen halte ich die Form der Darstellung für unpassend.

Ein sensibles, vielschichtiges Thema wie "Religionen" auf die Ebene von Gebrauchsanweisungen hinunter zu deklinieren mag didaktisch geboten scheinen.

Angemessen ist es nicht.

Zu befürchten ist, dass die vorgestellten Religionen und Religionsgemeinschaften nicht von ihrem Glauben her ernst genommen werden, sondern auf die Frage "Wer darf was essen ?" reduziert werden.

Auch wenn dies – zynisch gesagt – vielleicht sogar gut wäre, da die Beschreibung der meisten Religionen und Religionsgemeinschaften so klingt, als ob Werbeschriften der jeweiligen Gruppen einfach abgeschrieben worden wären (dies fällt mir besonders bei den Zeugen Jehovas und der Christlichen Wissenschaft negativ auf), so wäre es doch schade, wenn lebendige Spiritualität auf Äußerlichkeiten reduziert würde.

Schwerer noch als diese, wohl aus der didaktischen Konzeption heraus geborene, Unangemessenheit wiegt m.E. aber der Umstand, dass die eigene christliche Tradition durch den "Leitfaden" deutlich in Frage gestellt wird.
Dies wird schon dadurch deutlich, dass der Teil, der das "Christentum" (sic !) behandelt sehr knapp und reichlich lieblos behandelt wird. Zwar ist in der 5.Auflage gegenüber der 1.Auflage das Krankenabendmahl ergänzt worden (zumindest in meiner Praxis wird dies häufig angefragt wogegen die Krankensalbung noch nicht ein einziges Mal erbeten wurde), trotzdem finden sich nach wie vor lapidare Sätze wie "Es ist nichts Besonderes zu beachten" (S.22). In Anbetracht der Tatsache, dass ich immer wieder darauf angesprochen werden, wie es denn mit dem Gebet für Kranke steht und in Anbetracht der Tatsache, dass – in freikirchlichen Kreisen durchaus übliche - "Gebetsversammlungen" am Bett eines Kranken durchaus zu Problemen führen können, ist dieses Urteil reichlich blauäugig.
Das ganze Ausmaß des Unverständnisses der Probleme der eigenen Tradition zeigt dann ein anderer Satz: "Ist das Leben eines Kindes in Gefahr und ist keine Pfarrerin, kein Pfarrer oder Priester erreichbar, darf jede Christin, jeder Christ die Taufe vollziehen, wenn die Eltern dies wünschen." (S.23)
Wirklich ?
Zwar ist dieser Satz aus der KO übernommen und von daher kaum zu kritisieren. Trotzdem überrascht mich dieses fehlende Problembewusstsein in einem zentralen Topos christlicher Theologie doch sehr.
Denn es gibt eine Reihe von kleinen und kleinsten christlichen Gruppen, die zu keinem größeren Verband gehören, die sich der ACK verweigern, deren Mitglieder sich, durchaus zu Recht als "Christen" bezeichnen ohne dass sie getauft wären – kann da wirklich ein Recht zugestanden werden, das dann, wenn es um das Patenamt geht, bereits wieder verweigert würde?
Nach Rückfrage beim LKA ist hier selbstverständlich die ACK-Klausel mitgedacht, aber: Wer weiß das? Und wenn, bleibt die Frage: Kann man die gegenwärtige Zersplitterung des protestantischen Teils der Christenheit so einfach leugnen?
Klare, eindeutige Regelung und Sprache wäre hier von Nöten.

So bleibt der Eindruck, dass der "Leitfaden" alle anderen Religionen und Weltanschauungen besser kennt, liebevoller behandelt als die eigene.

Vollends aus den Gleisen springt der "Leitfaden" dann bei einigen praktischen Vorschlägen.

Die Vorschläge zu Speise- und Reinheitsvorschriften kann man m.E. als "adiaphora" akzeptieren.

Aber – wie war das noch ?

"In status confessionis nihil nisi adiaphora" ? (also: Da, wo es um den Bekenntnisstand geht, kann es keine adiaphora geben).

So zumindest die Meinung der Reformation und der postreformatorischen Kontroverstheologie.

Wenn es jetzt aber bei der Herrichtung eines Aufbahrungsraumes heißt: "Das Kreuz sollte entfernt werden" (S.16, 45, 56) bzw. "Das Kreuz sollte entfernt werden, und `OM´, ein hinduistisches religiöses Symbol, sollte auf den Tisch gestellt werden" (S.35), dann ist dies nicht nur inkonsequent und lieblos z.B. gegenüber den Zeugen Jehovas (die das Kreuz bewusst und deutlich ablehnen und durchgängig vom "Pfahl" reden), sondern vor allem eine durch nichts zu begründende Kapitulation unserer eigenen Religion.

Um nicht missverstanden zu werden: Wenn ein Geistlicher einer anderen Religion anfragt, ob für eine Trauerhandlung das Kreuz entfernt werden kann, dann ist dies eine Sache.

Die man akzeptieren können sollte.

Wenn dies dagegen quasi im vorauslaufenden Gehorsam von Christen getan wird, dann ist dies etwas ganz anderes.

Einfach mal ein Sprachspiel: Wenn es stimmt, dass das Kreuz so ungefähr das einzige verbindende Zeichen der Christenheit ist und wenn man für "Zeichen" das lateinische Wort "signum" einsetzt, dann ist der freiwillige Verzicht auf das Kreuz schlicht eine "Re-Singnation".

Und die dann noch von oben herab veranlasst.

Warum eigentlich, so kann man mit Fug und Recht fragen, warum eigentlich bieten wir überhaupt noch Seelsorge, Sterbebegleitung, Kasualien und Begleitung an Lebenswenden an, wenn wir immer dann, wenn ein Mensch irgendwie nicht christlich ist, das, was unsere christliche Hoffnung ist,

verschweigen ?
"Seid allezeit bereit zur Verantwortung vor jedermann, der von euch Rechenschaft fordert über die Hoffnung, die in euch ist" (1.Pt.3,15) – schon vergessen ?
Der Eindruck entsteht, dass ähnlich wie in der unfreiwillig komischen "Bibel in gerechter Sprache" (Pharisäerinnen ? – lol), die mal eben en passant die paulinische Rechtfertigungslehre eliminiert (vgl. dazu Karin Bornkamm in "Zeitzeichen" 4/2007, S.17 – die Replik von Frank Crüsemann in "Zeitzeichen" 5/2007, S.40 überzeugt mich in keinster Weise), ein zentraler Bestandteil christlichen Glaubens einem m.E. falsch verstandenen Dialoggedanken geopfert wird.
Von daher denke ich, dass der "Leitfaden" keine weitere Überarbeitung und keine weiteren Auflagen erleben sollte.
Man sollte ihn zurück ziehen und den Fehler eingestehen.
Zumindest dies eine Mal.

2.: "Man gave name to all animals"
Noch ein zweites innerchristliches Thema hat im vergangenen Jahr die Gemüter bewegt, ein Thema, das ich gedanklich eigentlich schon seit Jahren als erledigt abgehakt hatte und das nun relativ überraschend wieder auf der Tagesordnung steht: Das Thema Evolution contra Kreation.
Ausgehend von den USA, wo dieses Thema inzwischen erhebliche Ausmaße angenommen hat, ist dieses Thema auch nach Deutschland geschwappt.
Auch wenn die Fronten hier nicht so hart aufeinander prallen wie in den USA, ist doch aus meiner Sicht folgendes fest zu halten:

- Wenn es in der Auseinandersetzung um "Schöpfung" geht, dann wird diese auf den Schöpfungsbericht der Genesis eng gefahren. Die Tatsache, dass nahezu jede Religion Schöpfungsberichte kennt und dass z.B. Moslems oder Neuheiden fordern könnten, dass die Schöpfungslehre des Koran oder der Edda mit derselben Berechtigung der Evolutionstheorie entgegen gehalten werden könnten, zeigt, dass es weniger um eine Infragestellung der Evolutionstheorie als mehr um christliche Selbstbehauptung und Selbstvergewisserung geht.

Diese allerdings muss im Religionsunterricht geleistet werden, nicht in den Naturwissenschaften.

- Die Evolutionstheorie ist, wie der Name sagt, eine Theorie und als solche stetem Diskurs und steter Suche nach Verbesserung ausgesetzt. Insofern geht es um eine ungleiche Auseinandersetzung: Auf der einen Seite eine Theorie, die dem Popperschen Falsifikationspostulat (vgl.: http://de.wikipedia.org/wiki/Karl_Popper) ausgesetzt ist, und auf der anderen Seite bloße Behauptungen, die den derart Gläubigen gleichwohl als Wahrheit erscheinen. Dieser Umstand wird dann von den Befürwortern des Kreationismus dahin gehend ausgelegt, dass die systemimmanenten Hinterfragungen der Evolutionstheorie nur den einen Schluss zulassen, dass die Antwort auf die Fragen, die die Evolutionstheorie aufwirft, allein im Kreationismus zu finden ist.

  Dies freilich ist ein Trugschluss – die Alternative zur Evolutionstheorie ist nicht der Kreationismus, sondern eine bessere Evolutionstheorie.
  So zu denken, so zu forschen, entspricht denn auch dem Popperschen Falsifikationspostulat.

- Dreht man das Problem anders herum und fragt nach dem, was der biblische Schöpfungsbericht aussagen will, dann stellt man fest, dass dieser nicht an den Fragen der Evolutionstheorie interessiert.
  Im Zentrum des biblischen Berichtes steht nicht die Frage danach, ob der Mensch vom Affen abstammt, sondern die Frage danach, wie wir denn leben sollen, da wir keine Affen mehr sind. Die Antwort, die der biblische Bericht gibt, dient denn auch weniger exakter naturwissenschaftlicher Theorie als vielmehr der "Daseinslegitimation durch Wirklichkeitsassimilation" (so der Münsteraner Alttestamentler Hans-Peter Müller). Konkret soll die Identität des Volkes Israel im

babylonischen Exil durch die Depotenzierung babylonischer Gestirnsgötter zu bloßen Lichtträgern und durch die Begründung der Sabbatheiligung gesichert werden. Also eine theologische Aussage und keine naturwissenschaftliche Beschreibung will der Schöpfungsbericht der Genesis sein.

- Zusammenfassend denke ich, dass die Schöpfungslehren der Bibel (und anderer Religionen) nicht als Alternativen zur Evolutionstheorie unterrichtet werden dürfen, dass sie aber als Antwort auf die Fragen "Woher kommen wir?" und "Welche Verantwortung haben wir gegenüber Gottes Schöpfung?" im Religions- und Ethikunterricht behandelt werden müssen.

3.: "If I had a Hubbard"

Natürlich gab es auch außerhalb der kirchlichen Binnendiskussion einige berichtenswerte Entwicklungen.
Ein besonderes Medieninteresse zog dabei der Neubau der Berliner Scientology-Zentrale auf sich. Nachdem es jahrelang recht ruhig um Scientology war, gehen sie nun mit diesem Bau und einer Reihe von nachgeschalteten Projekten wieder in die Offensive.
Grund genug, diesem Gebäude einen Besuch abzustatten.
Hier meine Eindrücke:

Tatort Berlin…
Ein völlig verregneter Sonntagnachmittag.
Die Fortbildung ist zu Ende und der ICE fährt erst später.
Also noch etwas Zeit, Zeit genug, etwas zu unternehmen.
Und da ich in Berlin bin, das Wetter miserabel ist, ich keine wirklich originelle Idee habe und noch ein paar Freunde dabei sind, die scheinbar nur ein Ziel kennen, schließe ich mich ihnen an.
Denn immerhin: Die neue, mit großem Pomp und noch mehr Pressewirbel eröffnete Scientology-Zentrale gehört sicher zu den Orten, die ich immer mal sehen wollte, aber nie allein besucht hätte.

„All die ganzen Jahre…“

Also: Ab in die U-Bahn und Richtung Otto-Suhr-Strasse.

Dort ausgestiegen erlebte ich dann die erste Enttäuschung: Hatte ich einen finsteren Hort des Bösen erwartet, so sah ich einen modernen, gleißenden Protzbau, der beleuchtet einem Bürogebäude glich – sicher mehr als der Kirche, die zu sein dieser Bau vorgibt.

Aber: „Don`t judge a book by it`s cover” – und so gingen wir denn hinein.

Drinnen angekommen hatte ich direkt den fatalen Eindruck, irgendwie in einer Parallelwelt gelandet zu sein.

Offensichtlich waren wir die Einzigen, die nicht in irgendeiner Weise zu Scientology gehörten und das Gefühl, nicht dazu zu gehören, ist mir selten deutlicher vermittelt worden.

Alle, wirklich alle, die im Gebäude rumliefen, waren erschreckend einheitlich gewandet, redeten erschreckend gleichlautendes Zeug, legten eine erschreckend unechte Form der Freundlichkeit an den Tag und erschienen im Großen und Ganzen vollkommen fremdgesteuert.

Die Roboter tanzen in der Mutantendisco und sie tanzen zu den Klängen, die der verehrungswürdige Meister L.Ron Hubbard serviert – so oder ähnlich kann ich meine Gefühle zusammen fassen.

Nie – zu keinem Augenblick – hatte ich das Gefühl, unbeobachtet oder gar allein zu sein.

Allein dies wirkte beklemmend.

Immer und überall gab es Menschen, die neben einem standen, die auf etwas hinwiesen, die einen der imposant vielen und imposant großen Fernseher anschalteten und darauf hinwiesen, dass man „diesen Film jetzt aber unbedingt sehen müsse“.

Schlimmer noch: Auch die Wirkung des E-Meters sollte demonstriert werden und dies mit dem denkbar dümmsten Taschenspielertrick.

Denn natürlich gibt es einen Ausschlag, wenn man an den Reglern dreht.

Und natürlich gibt es eine Reaktion, wenn man mit einer Nadel gepiekt wird.

Und dass diese Reaktion auch dann einsetzt, wenn man nicht gepiekt wird und sich das Pieken nur vorstellt, wissen die Leser von renommierten Fachzeitschriften wie der „Apothekenumschau“ natürlich schon seit langem.

„All die ganzen Jahre…“

Wie gesagt: Das Gefühl, einem einzigen riesigen Nepp aufzusitzen, wurde ich den gesamten Nachmittag nicht los.
Und dann L.Ron…
Immer wieder L.Ron…
L.Ron der Schriftsteller…
L.Ron der Kriegsheld…
L.Ron der Religionsstifter…
L.Ron der Wohltäter…
L.Ron der Erlöser…
L.Ron der Pantokrator…
und und und…
Kann er eigentlich übers Wasser gehen ?
Die dauernde optische Überpräsenz von L.Ron wirkte auf mich ziemlich ermüdend.
Im Kopf freilich stimmte ich lästerliche Liedchen an:
„If I Had A Hubbard…
I`d Hubbard In The Morning…
I`d Hubbard In The Evening…
All Over This Land…”
Oder, kürzer:
“L.Ron, L.Ron Halleluja…“
Ihm entziehen konnte ich mich freilich nicht.
Und weiter ging`s….
Irgendwann machte ich den fatalen Fehler, eine Schrift, die haufenweise rumlag und die nicht erkennbar mit einem Preisschild versehen war, an mich zu nehmen.
Der Blick, den ich erntete, veranlasste mich zwar dazu, die Schrift sofort zurück zu legen – aber: Was soll so eine öffentliche Zentrale, was soll der ganze Videozinnober, was sollen all diese offen herumliegenden Schriften, wenn man diese ganze Werbung offenbar nicht genießen darf ?
Und warum bekommt man nicht mal einen lumpigen Kaffee angeboten ?

„All die ganzen Jahre…“

Bei „uns Christen“ gibt es – je nach Konfession – immer mal Kaffee, Tee, Wasser oder Wodka. Hier liefen wir nass und angefroren durch die Räume und erlebten Gastfreundschaft light.

Und weiter…

Irgendwann erfuhr ich dann, dass es Scientology und den überlegenen Technologien von L.Ron zu verdanken ist, dass die Rettungskräfte am Ground Zero nicht gestorben sind.

Was natürlich nett von ihm ist, aber erstens nicht so 100% wahr und zweitens frage ich mich, wieso L.Ron, der doch besser als Buddha, Jesus und Mohammed zusammen ist, nicht entweder dem fiesen Osama eins aufs Auge drückt oder kurzerhand die Opfer wiederbelebt.

Irgendwo gab es dann Türen, Türen, die wir nicht durchschreiten durften.

Vielleicht, weil in der netten „Southpark-Folge“ Tom Cruise, John Travolta und R.Kelly einfach ins Stans Schrank verschwinden und die Türen zu Schränken gehören und selbige die natürliche Heimat von Scientologen sind?

Bei der Vorstellung jedenfalls, dass die gesamte Mischpoke einfach in einem Schrank hätte verschwinden können, besserte sich meine Laune zusehends.

Und es ging noch weiter…

Irgendwann durften wir dann mal einen Raum betreten – den „Gottesdienstraum“.

Diesmal freilich fragte ich artig, ob ich die offen ausliegende Gottesdienstordnung mitnehmen dürfe – ich durfte.

Immerhin…

Trotzdem fehlte irgendwie noch was…

Die Versuchung…

Der Versuch, uns zu überzeugen oder zu überreden…

Die sanfte Androhung von Gewalt…

Die heiser gemurmelte Verheißung „Dies alles gehört Dir, wenn Du L.Ron nicht mehr ganz so negativ gegenüberstehst“ und dann reißt sich eine der Damen die Kleider vom Leib um zu dokumentieren, was mir gehören könnte, wäre ich nur ein bisschen lieb zu L.Ron.

Irgend sowas….

Halt irgendetwas, das mir zeigt, dass Scientology mehr ist als nur hightechgelackte Biederkeit.
Schließlich wanke ich erschöpft zum Ausgang.
Muss nochmal auf Toilette und – ja, ehrlich! – sie haben eine und die hat keine Überwachungskamera.
Dafür muss ich akzeptieren, dass eines der männlichen Mitglieder hinter mir her kommt und penibel wartet, bis ich fertig bin.
War das jetzt ein „purification rundown“?
Grinsend verlasse ich die Kabine.
Und mache noch einen Fehler.
Frage: „Wenn ich nur ein Buch im Leben lesen will – welches würden sie mir empfehlen?“
Die Antwort kommt sofort: „Alle sind gleich wichtig, die L.Ron geschrieben hat.“
Das exakt war nicht die Frage.
Also nochmal: „Ich möchte gerne ein Buch kaufen. Und nur eines.“
„Nehmen sie alle hier und kommen sie bald wieder…“
arrggghhh
Was immer Scientology ist – gut für die Ohren scheint es nicht zu sein.
Ich gehe.
Habe ein Buch in der Hand, das ich schließlich doch noch gekauft habe.
Und das Gefühl im Herzen, dass ich das wirklich Böse, das ich gesucht habe, bei Scientology nicht finden werde.
Sicher: Scientology ist gefährlich.
Das ist wohl unstrittig.

Aber auch so bieder-langweilig, dass sie wohl immer eine kleine Minderheit bleiben werden.

Nachwort:
Gegenwärtig bewegt einmal mehr Tom Cruise die Gemüter. Die Tatsache, dass er in dem Film "Valkyrie" den Hitler-Attentäter Graf Schenk von Stauffenberg verkörpern soll, hat zu hitzigen Kontroversen geführt.

Auf der einen Seite gab es ein Verbot, Szenen dieses Filmes im historischen Bendler-Bau zu drehen und auf der anderen Seite gab es zum Teil scharfe Kritiken an diesem Verbot und an der Kritik an der Besetzung dieser Rolle, die insbesondere auch von kirchlichen Sektenbeauftragten geäußert wurde. Eingeklagt wurde vor allem die Freiheit der Kunst und die Trennung zwischen Person und Werk, beklagt wurde vor allem deutsche Engstirnigkeit und fehlende Toleranz.

Zu diesen Vorwürfen ist folgendes anzumerken:

Eine Trennung zwischen Person und Werk ist im Falle von Tom Cruise deshalb kaum möglich, da dieser wie kein zweiter seine Person und seine Zugehörigkeit zu Scientology in den Mittelpunkt stellt.

Oft entsteht der Eindruck, dass Tom Cruise so ungefähr der einzig existierende Scientologe ist, der wann immer er kann, gefragt oder auch ungefragt, für Scientology wirbt. Nimmt man dann hinzu, dass Scientology alle Ernstes die Meinung vertritt, dass sich in Deutschland in Sachen Menschenrechte und Religionsfreiheit seit 1945 eigentlich nichts geändert hat (nur dass die Juden jetzt "Scientology" heißen), dann wird deutlich, wie wichtig es für Tom Cruise und Scientology ist, dass Tom Cruise als aufrechter Streiter bösen Nazis die Stirn bietet. Und da Scientology nach allem, was man über diese Gruppe sagen kann, immer wieder durch totalitäre und antidemokratische Aussagen und Denkstrukturen aufgefallen ist, kann ich nur sagen, dass Tom Cruise als Graf von Stauffenberg ähnlich deplatziert ist wie es Leni Riefenstahl als Regisseurin oder Arno Breker als Bühnenbildner dieses Filmes wären.

4.: Unidentified flying object approaching the earth

Innerhalb des breiten Spektrums der neuen Religiosität gibt es Gruppen, die sich auf Gründungsmythen oder legendarische Gründergestalten berufen, aber auch solche, deren Entstehung in Raum und Zeit und mit präzisem Datum fest machbar ist.

Zu diesen Gruppen gehört zweifelsfrei die Gruppe der "UFO-Gläubigen", denn den Beginn dieser Bewegung kann man eindeutig auf den 24.Juni 1947 datieren.

„All die ganzen Jahre…“

Die Gründungsgeschichte ist dabei schnell erzählt: Ein Vertreter für Feuerlöschgeräte namens Kenneth Arnold sah auf dem Rückflug von einem Kunden über dem Mount Rainier im US-Bundesstaat Washington neun ihm unbekannte Flugobjekte, die mit hoher Geschwindigkeit über den Berggipfel schossen.

Alles weitere ist Geschichte: Arnold berichtete das, was er gesehen hatte, einem Reporter, dieser leitete den Bericht an die Presse weiter und schon am nächsten Morgen konnte man etwas von "fliegenden Untertassen" (Arnold hatte freilich die Formation der Objekte und nicht deren Aussehen gemeint) in der Zeitung lesen.

Diese Nachricht verbreitete sich in Windeseile und die Anzahl derjenigen, die ebenfalls ein "Unbekanntes Flugobjekt" gesehen hatten, wuchs rasant an.

Seitdem sind 60 Jahre vergangen, 60 Jahre, in denen die Vorstellung, dass es außerirdische Lebewesen gibt, die in regelmäßigen Abständen die Erde besuchen, durch so ungefähr alle Formen der (Pseudo-)Wissenschaft und (Trivial-)Kultur hindurch dekliniert wurde: Es gab die Behauptung, dass ein UFO in Roswell abgestürzt sei, das dieses UFO und seine Besatzung dann in der AREA 51 versteckt gehalten und wissenschaftlich untersucht wurde, die Behauptung, dass Außerirdische schon vor tausenden von Jahren die Erde heimgesucht hätten, die Behauptung, dass Menschen gar von Außerirdischen entführt (und sexuell missbraucht) worden seien, und auch die Behauptung, dass eine Reihe von mehr oder weniger prominenten Zeitgenossen in Wahrheit Außerirdische sind.

Dies alles wird in Büchern, Filmen, Magazinen und – heutzutage besonders populär – auf Internetseiten verbreitet: Häufig sehr ernsthaft und mit einem deutlich missionarischen Unterton, ab und zu aber auch satirisch und unterhaltsam und bisweilen sogar wissenschaftlich einigermaßen seriös (hier wären das SETI-Projekt und der darauf basierende Film "Contact" zu nennen).

Dies alles gab es, gewiss.

Eines freilich gab es bis heute noch nicht: Den einen, eindeutigen, unwiderlegbaren Fall einer Sichtung eines UFOs oder gar eines Kontaktes mit Außerirdischen.

Im Gegenteil: Nahezu alle bislang bekannt gewordenen Fälle der Sichtung eines UFOs konnten auf natürlichem Wege oder als optische Täuschung erklärt werden.
So war das, was Kenneth Arnold gesehen hatte, mit hoher Wahrscheinlichkeit ein geheimer Testflug der ersten F-84-Thunderjets und ähnliche Testflüge hat es zur Zeit des Kalten Krieges noch des Öfteren gegeben (wahrscheinlich kam die UFO-Manie den Militärs in den 50er Jahren durchaus gelegen).
Und auch dann, wenn wir heute wissen, dass es nicht nur in unserem Sonnensystem Planeten gibt, auch dann, wenn es eine pure Frage von Wahrscheinlichkeiten ist, dass es Planeten gibt, die ähnlich der Erde lebensfreundliche Bedingungen haben, auch dann, wenn durchaus wahrscheinlich ist, dass das Leben in Form von Mikroorganismen nicht auf der Erde entstand, sondern durch einen Meteor quasi abgeliefert wurde, und auch dann, wenn man es für möglich hält, dass es sogar in unserem Sonnensystem Formen von Mikroorganismen geben mag (gegenwärtig wird erwogen, die vereisten Pole des Mars sowie einige Saturnmonde darauf hin zu untersuchen), so sollte man UFOs und Außerirdische bis auf Weiteres Hollywood überlassen.
Dort zumindest gibt es etwas zu sehen…

5.: "It`s a cold and it`s a broken Halleluja

Wieder ein langer Bericht.
Vielleicht ein Bericht, der den Eindruck aufkommen last, dass Sekten- und Weltanschauungsbeauftragte sich vor allem des besserwisserischen Beckmessertums befleißigen.
Ich denke, dies ist nicht der Fall.
Es gibt kaum eine Gruppe von Menschen, in deren Gegenwart ich lieber ein Bier trinke und die sich durch einen feineren und treffenderen Humor auszeichnet als die Gruppe der Sekten- und Weltanschauungsbeauftragten.
Trotzdem stellt sich natürlich die Frage, mit welchem Recht man die Überzeugungen anderer Menschen in Frage stellt, ja sogar manche Überzeugungen für gefährlich hält und dies dann deutlich sagt.

„All die ganzen Jahre…“

Unbedingt versperrt sollte ein Weg sein, der auf Fundamentalismus mit Fundamentalismus reagiert und der im Bewusstsein der Wahrheit des eigenen Glaubens jeden anderen Glauben für falsch, Götzendienst, gar ein Hirngespinst hält.

Auch wenn ich das Verdikt "Contra deum nihil nisi deus" unbedingt für richtig halte (gegen Religion hilft nur Religion, gegen einen falschen Gott nur der Glaube an den richtigen), denke ich, dass die Antwort auf einen "kleinen" Gott der Verweis auf Gottes Größe ist und die Antwort auf einen Gott, der immer nur einschränkt der Gott ist, der in alle Freiheit und alle Wahrheit führt.

Doch gerade dann, wenn wir bekennen, dass Gott nicht nur größer ist, als wir denken, sondern größer, als wir überhaupt denken können, wird es im besten Sinne fragwürdig, ob dieser Gott es zulässt, in Fundamentalismen eingesperrt zu werden.

Die religiösen Fundamentalisten dieser Welt – sie irren. Denn sie sperren Gott in den Horizont ihres Begreifens ein, schrumpfen den Schöpfer des Weltalls auf die Größe ihres Begreifens zurecht.

Das, was wir von Gott erkennen können – es ist unvollständig und "undeutlich wie in einem Spiegel" (1.Kor.13,12).

Vielleicht können wir unser Gotteslob mit Leonhard Cohen singen ?

"It`s a cold and it`s a broken Halleluja".

Kein triumphales, lautes, fundamentalistisches "Halleluja".

Einfach ein gebrochenes, vorläufiges, auf die vollständige Erkenntnis Gottes angewiesenes "Halleluja".

2008

1. Dazed and Confused

Das vergangene Jahr unterstrich einmal mehr, dass sich die klassische Sektenszene und damit die Arbeit der Beauftragten und Beratungsstellen deutlich verändert hat.

Problematisch sind weniger die "klassischen Sekten" - obwohl die natürlich ihr Konfliktpotential behalten, oder - zumindest im Fall von Scientology - eher noch vergrößert haben. Trotzdem sind Gruppen wie Zeugen Jehovas, Scientology oder UL inzwischen hinsichtlich ihrer Lehre, ihrer Organisation und ihres Führungspersonals so oft dargestellt und dokumentiert worden, dass in der Regel ein Griff ins Regal reicht, um umfassend und zureichend informiert zu werden.

Wesentlich schwieriger freilich stellt sich die Lage dar, wenn man die vielen kleinen kleinsten Splittergruppen betrachtet, die sich häufig um eine eindeutige Führungspersönlichkeit sammeln und in der Regel deutlich unter 100 Mitglieder haben. Hier haben Andrew Schäfer und Hans-Jörg Hemminger Pionierarbeit geleistet, indem sie im „Materialdienst“ der EZW (Nr.7/2008 und 8/2008) diese zerklüftete Szene einmal anhand einiger herausragender Gruppen dargestellt haben. Trotzdem bleiben natürlich viele Fragen offen und oft ist es kaum möglich, eine Gruppe richtig einzuschätzen. Hier wird in den kommenden Jahren sehr viel aufmerksame Beobachtung nötig sein. Zu hoffen ist, dass Landeskirchen, Diözesen und Kirchenkreise die Arbeit der Sekten- und Weltanschauungsbeauftragten nicht wegsparen, sondern im Rahmen des Möglichen fördern und mit Geld- und Sachmitteln ausstatten.

Dies ist auch deshalb erforderlich, weil die Zersplitterung der „Sektenszene“ nur einen Teil der Konfusion ausmacht.
Deutlich schwerer wiegt – zumindest aus der Sicht eines evangelischen Weltanschauungsbeauftragten – der Umstand, dass „wir Christen“ offensichtlich nicht mehr in der Lage sind, zu sagen, was eigentlich unterscheidend christlich ist, bzw. was denn eigentlich unseren Glauben im Unterschied zu anderen Weltanschauungen ausmacht.
Hier gibt es eine Konfusion, die „heillos“ zu nennen, vielleicht ein scharfes Urteil ist.
Gleichwohl ein Urteil, das leider auch in seiner Schärfe notwendig ist.
Wenn ein Religionssoziologe in einer Untersuchung zum Glauben von kirchenleitenden Gremien (vornehmlich Presbyterien) herausfindet, dass der Glaube an Reinkarnation von rund einem Viertel der Befragten geteilt wird, und dass es Presbyterinnen gibt, die keinen Widerspruch darin sehen, zugleich in Wicca-Kreisen als „Hexe“ zu amtieren, dann mag dies noch an der Art der Fragestellung liegen.
Und wenn Manfred Josuttis und Paul Zulehner – profilierter evangelischer Theologieprofessor der eine, Ikone der Gemeindeaufbaubewegung der andere – auf ihre alten Tage in Sprache und Weltbild deutliche Bezüge zur Esoterik bzw. zum esoterischen „Zentrum des Lichtes“ anklingen lassen, dann ist zumindest Diskussionsbedarf gegeben.
Doch wie soll man es bewerten, wenn ein immer noch rheinischer Pfarrer vor laufender Kamera bei „Maischberger“ die Volkskirchen und speziell ihre Sektenbeauftragten der Intoleranz bezichtigt, zugleich aber ausgerechnet Scientology als Beispiel von Toleranz und Religionsfreiheit anpreist (derselbe Kollege verkauft unter seinem Namen auch alternative Heilmittel, die sein Bild als Konterfei tragen, und er gibt „Fliege – Die Zeitung“ heraus, ein verschwurbelt esoterisch-religiöses Machwerk unterer Güteklasse).
Die Frage steht im Raum, was man eigentlich im Rheinland sagen muss, um theologisch so schief zu liegen, dass man aus inhaltlichen Gründen dienstrechtliche Konsequenzen zu befürchten hätte.

Da es mir allerdings an dieser Stelle nicht um dienstrechtliche Konsequenzen geht, die zu ziehen auch gar nicht Bestandteil meiner Beauftragung ist, möchte ich doch das, was ich für unterscheidend christlich halte, im Folgenden darstellen:

2. Stairway To Heaven

Es ist beileibe nicht gleichgültig, an welchen Gott man glaubt.
Mit diesem eindringlichen Fazit schließt Rainer Buchers höchst lesenswertes Buch „Hitlers Theologie“.
Es ist nicht gleichgültig, an welchen Gott man glaubt…
Der „Stairway To Heaven“ – wie sieht er aus und wo führt er hin ?
Können, müssen, sollten wir als ChristInnen dazu etwas sagen ?
Oder ist es angesagt, den Chor der toleranten Abnicker um die christliche Stimme zu bereichern ?
Will man diese Frage beantworten, will man so etwas wie christliches Profil finden, wird man beim Apostel Paulus unmittelbar fündig:
In den beiden langen, von der Argumentationsstruktur her parallel gebauten, Abschnitten Röm.1,18-3,20 und 1.Kor.18-2,16 gibt Paulus die Inhalte der christlichen Verkündigung vor: Die Rechtfertigung des Gottlosen allein aus Glauben (soteriologischer Fokus), die sich allein im Blick auf das Kreuz Christi, an dem sich das Heil der Welt offenbart, ereignet (kognitiver Fokus).
Interessant an dieser Argumentation ist nicht nur, dass das Heil der Welt exklusiv an den Glauben an den Gekreuzigten gebunden wird (wobei natürlich zu diskutieren ist, wieweit die Kreise sind, die, zentriert auf Golgatha, zu schlagen sind – m.E. umfasst der göttliche Heilswille den gesamten Kosmos und somit alle Menschen, vgl. Phil.2,10+11), sondern vor allem, dass Paulus in beiden Texten Juden wie Griechen als Adressaten ins Auge fasst.
Dies allerdings nicht so, dass es um die historisch vorfindlichen Juden und Griechen allein ginge, nein, Juden und Griechen werden als die beiden äußersten Exponenten menschlicher Möglichkeiten und menschlichen Verhaltens vorgestellt.
Zugespitzt kann man also mit Eberhard Jüngel sagen: "Articulus

iustificationes est articulus stantis et cadentis non modo ecclesiae sed etiam mundi" (= Der Artikel von der Rechtfertigung ist der Artikel, mit dem nicht nur die Kirche, sondern auch die Welt steht und fällt" (Jüngel erweitert hier eine gemeinreformatorische Formel, die freilich expressis verbis bei den Reformatoren nicht vorkommt, wohl aber durchgehend angelegt ist).
Damit nimmt Paulus in Anspruch, dass das Heil in Jesus Christus prinzipiell allen Menschen als Zuspruch, aber auch als Anspruch gilt.
Oder anders gesagt: Profilierte christliche Rede kann sich nicht damit begnügen, den Glauben an irgendeinen Gott oder an irgendeine Form von Spiritualität zu diskutieren.
Profilierte christliche Rede ist Verkündigung des Gekreuzigten, die sich in die einfache Frage kleiden lässt: „Was hast Du für ein Verhältnis zu dem armen, leidenden, auf Golgatha sterbenden Jesus ?“
Oder noch kürzer: Christliches Profil steht und fällt mit der Christozentrik christlicher Rede.
Dies mag man für eine Tautologie halten.
Oder vielleicht einfach nur für banal.
Wenn dem so ist, dass die eigene christliche Rede christozentrisch ist: Gut so…
Wenn dem aber nicht so ist, ist es höchste Zeit, diese Christozentrik wieder zu gewinnen.
Dies umso mehr, als dies nicht nur christlichem Bekenntnis Profil verleiht, sondern auch den modus des christlichen Bekenntnisses vorgibt.
Denn indem Gott als Jesus Christus in die Welt eingeht, und den Menschen nahe kommt, zeigt sich zugleich, dass "Liebe" nicht ein Attribut Gottes, sondern sein Wesen ist.
Wie immer Christen also von Gott reden, wie immer sie ihren Gott in Wort und Tat bekennen – "Liebe" ist nicht eine Eigenschaft Gottes unter mehreren (die je nach Situation auch mal gegenüber seinem Zorn, seiner Rache, seinem strafenden Handeln oder was auch immer zurücktreten kann), nein, sie ist das Wesen Gottes selbst (dies freilich zwingt Theologie dazu, auch den deus absconditus mit diesem liebenden Wesen Gottes zusammen zu denken – eine der ganz großen Herausforderungen der Theologie).

Und dies hat unmittelbare und sehr wichtige Konsequenzen.
Denn dann, wenn man ernst nimmt, dass das Wesen Gottes Liebe ist, dann verlangt dies als Entsprechung ein Handeln, dass dies ernst nimmt.
Auch wenn Kreuzzüge, Hexenverbrennungen, Ketzerprozesse, Antijudaismus und Imperialismus etc. Bestandteil christlicher Geschichte sind – akzeptierter Bestandteil christlichen Bekenntnisses dürfen sie niemals sein!!!
Es gilt, diese und andere Teile christlicher Geschichte und christlicher Praxis deutlich als unchristlich zu brandmarken und aus Bekenntnis und Praxis des christlichen Glaubens auszuscheiden.
Beides kommt also im Bekenntnis zum Gekreuzigten zusammen: Ein klares, unterscheidend christliches Profil, dass es zu verkündigen gilt, ebenso wie ein Modus der Verkündigung, der von der Einsicht geprägt ist, dass Gott die Liebe ist, und dass ChristInnen in ihrem Handeln dieser Einsicht entsprechen sollen.
Von dieser Erkenntnis her kann ich dann auch das Thema angehen, das im vergangenen Jahr breit in den Medien diskutiert wurde, die Frage nach dem christlichen Fundamentalismus.

3. Houses Of The Holy

Die Bilder waren dramatisch: Ekstatische Pfingstler beim Gottesdienst, scheinbar eingeschüchterte Kinder beim Home-Schooling, George W. Bush, der Golfkrieg und immer wieder eine brennende Bibel – eine von mehreren Dokumentationen, die im vergangenen Jahren in Fernsehen und Presse versuchten, eine Art christlich-fundamentalistischer Machtübernahme in Deutschland herbei zu reden.
Und alle, bis hin zum SPIEGEL, machten mit.
Sogar das an sich eher biedere „Christival“ in Bremen geriet ins Visier derer, die sich von pietistisch-frommem Christentum provoziert, wenn nicht sogar angegriffen fühlten.
Eine Fragestunde im Bundestag wegen eines frommen Jugendtreffens – wann hätte es das je gegeben ?
Natürlich: Die Veranstalter hätten auf derartige Publicity gerne verzichtet.

Und sie haben schnell und pragmatisch reagiert und die beanstandete Veranstaltung sofort aus dem Programm genommen.
Schon dies zeigt, dass es mit einer „fundamentalistischen Machtübernahme“ nicht weit her ist, und dass die, die da angegriffen wurden, irenischer und lernfähiger reagierten als ihre Kontrahenten – Volker Beck vorneweg.
Und auch sonst ist die beschworene Gefahr durch christliche Fundamentalisten kaum gegeben.
Denn anders als Fundamentalisten anderer religiöser Provenienz kann man christlichen Fundamentalisten, zumindest in Westeuropa, eine Befürwortung oder gar eine Praktizierung von Gewalt kaum vorwerfen.
Meist erschöpft sich ihre Tätigkeit in eifrigem Engagement für Home-Schooling und gegen Evolutionstheorie, kommuniziert wird in internen (bisweilen allerdings wirklich bösartigen) Printmedien (deren Auflage in der Regel vernachlässigbar ist) und in Parteien wie der „Partei Bibeltreuer Christen“ oder der „Christlichen Mitte“, die wohl weniger Wähler haben als ein Tausendfüßler Beine.
Die Erwartung jedenfalls, dass christliche Fundamentalisten auch nur in der CDU mehrheitsfähig werden könnten, ist schlicht an der Realität vorbei.
Und im Übrigen gilt für sie das, was in einer Demokratie für alle gelten sollte: Im Rahmen der demokratischen Regeln haben sie jedes Recht der Welt, sich zu organisieren, sich zu artikulieren, ihre Meinung zu sagen, nach politischem Einfluss zu streben und im Gemeinwesen präsent zu sein. Solange sie dies tun, sollte man sie als **eine** Stimme wahrnehmen ohne dieser einen Stimme unverhältnismäßig viel Gewicht (und Gefährdungspotential) beizumessen.
Denn eines ist klar: Die Religion des Westeuropäers des 21.Jahrhunderts ist – „Megatrend Religion“ hin oder her – zumeist ein mehr oder weniger unreflektierter Materialismus.
Von einer fundamentalistischen Mehrheit christlicher Prägung (oder gar moslemischer… dem „Wetzlarer Kurier“ zum Trotz) sind wir jedenfalls endlos weit entfernt.
Gut so.

4. Coda

„All die ganzen Jahre…“

Eine solche wird es wohl für diese Beauftragung nicht geben.
Wie heißt es in Goethes Faust: „Es irrt der Mensch, solang er strebt.“
So sollten auch die mannigfachen Versuche des Menschen, Gott zu erreichen und dem Leben einen Sinn zu geben, behandelt werden: Als Irrtümer, die gut gemeintem Streben erwachsen.
Ein liebevoller Blick also auf die Irrungen und Wirrungen menschlicher Religiosität.
Ein liebevoller Blick, der die eigenen Irrungen und Wirrungen kennt, und der deshalb nicht im Modus des Besserwissens verbleibt.
Ein liebevoller Blick aber auch, der die negativen Seiten nicht verschweigt, und der sich dann zu Worte meldet, wenn der homo religiosus den Menschen auf dem Altar der je eigenen Religiosität opfern will.
Opfer im Namen Gottes sind - weiß Gott – viele, viel zu viele gebracht worden.
Da, wo der Mensch den Menschen zu opfern bereit ist – und sei es aus höchst religiösen Motiven – muss deutlicher Widerspruch laut werden.
Und er wird laut.
Oder leise.
Je nachdem, wie er verstanden werden kann.
Zumindest solange es diese Beauftragung noch gibt…

1.: Zu beantworten…

1.1.:

Die Beauftraugung für Sekten- und Weltanschauungsfragen ist zum einen nicht sehr arbeitsintensiv, zum anderen aber verlangt sie eine gewisse Grundkenntnis in Fragen der theologischen Tradition und der Urteilsbindung.
Daher muss diese Synodalbeauftragung aufgrund des Arbeitsaufkommens nicht unbedingt auf mehrere MitarbeiterInnen verteilt werden.
Wohl aber ist es so, dass diese Beauftragung in der EKiR Regel von PfarrerInnen übernommen wird.
Modelle der Kooperation und Partizipation sind denkbar, aber nicht unbedingt vordringlich einzuführen.

1.2.:

Die Beauftragung verlangt recht umfangreiche Fort- und Weiterbildungen.
Die klassischen „Sekten“ befinden sich seit einigen Jahren in recht dramatischen Änderungsprozessen, neue Gruppierungen schießen wie Pilze aus der Erde, und die Beurteilung einzelner Gruppen (speziell der Neuapostolischen Kirche s.u.) verlangt sorgfältige Abstimmung.
Daher nehme ich regelmäßig an Fortbildungsveranstaltungen statt.
Allerdings ist es so, dass im letzten Jahr mehrfach Veranstaltungen aus Mangel an Teilnehmende ausfielen und dass ich an dem – an sich sinnvollen – Intensivkurs der EZW aus familiären Gründen nicht teilnehmen konnte.

Hier wäre es sinnvoll, wenn die Rahmenbedingungen für Synodalbeauftragungen im Stellenkonzept der einzelnen Kirchenkreise verbindlich geregelt würden. Wenn dies auf der Ebene der EKiR koordiniert geschähe, wäre es umso besser.
Im Übrigen bin ich jederzeit bereit, über neue Entwicklungen in Gemeinden, Schulen oder Einrichtungen zu berichten.
Eine in sich geschlossene Fortbildung „Sekten“ wäre natürlich auch vorstellbar und kann bei Bedarf gerne angeboten werden

2.: Zu berichten…

2.1.: Zeugen Jehovas

Eine der Fragen, die im vergangenen Jahr kontrovers diskutiert, dann aber recht einheitlich entschieden wurde, war die Frage, ob den Zeugen Jehovas die Rechte einer Körperschaft verliehen werden oder nicht.
Diese Entscheidung obliegt den jeweiligen Bundesländern.
Sie besagt nichts darüber, ob es sich aus theologischer Sicht um eine „Sekte“ handelt oder nicht.
Wohl aber ist diese Entscheidung daran gebunden, dass eine „Rechts- und Staatstreue“ besteht.
Auch wenn diese vom Grundgesetz nicht explizit gefordert wird, so war dies doch über Jahre hinweg der Grund, den Zeugen Jehovas in Berlin die Körperschaftsrechte zu verweigern. Am 13.Juni 2006 freilich entschied der Berliner Senat, entsprechend gerichtlicher Entscheidungen die Körperschaftsrechte zu verleihen. Seitdem folgen nach und nach die meisten anderen Bundesländer nach (gegenwärtig sind es zehn Bundesländer, zu erwarten ist, dass in absehbarer Zeit auch alle anderen Bundesländer entsprechend entscheiden).
Diese Entscheidungen sind natürlich heftig umstritten.
Vor allem befremdet, dass eine Gruppe, die bis vor kurzem den Staat als „Tier aus dem Abgrund“ ohne wenn und aber abgelehnt hat, nun auf einmal staatliche Instanzen nutzt, um aus der „Sektenecke“ rauszukommen.
Außerdem sind wesentliche Fragen (etwa die Fragen nach der Bluttransfusion und nach dem Umgang mit ehemaligen Mitgliedern) nach wie

vor offen.
Und dann stellt sich die Frage, ob es wirklich klug ist, vor allem die Selbstdarstellung einer Gruppe vor Gericht heranzuziehen, und die Aussagen ehemaliger Mitglieder sowie die Aussagen von Beratungsstellen weitgehend außen vor zu lassen.
Auch wenn der SPIEGEL vor einigen Monaten reüssierte, dass es wohl unumgänglich sei, die Zeugen Jehovas als Körperschaft anzuerkennen, und auch wenn es gewiss sinnvoll ist, wenn der Staat sich in religiösen Fragen nicht als Schiedsperson aufspielt, so bleibt doch ein schaler Eindruck zurück.
Unbenommen jeglicher staatlicher Entscheidung bleibt auf jeden Fall die theologische Einschätzung bestehen, dass die Zeugen Jehovas nicht ökumenefähig sind (und auch nicht sein wollen) und dass sie daher theologisch zu Recht als „Sekte“ einzustufen sind.

2.2.: Neuapostolische Kirche (NAK)

Völlig anders sieht es allerdings bei der NAK aus: Hier geht es nicht um die Körperschaftsrechte – diese hat die NAK seit Jahren – sondern um die Ökumenizität.
Auch um diese Frage wird derzeit heftig gerungen:
Zum einen gibt es einige lokale ACK, die der NAK einen Gaststatus gewähren, zum zweiten hat Stammapostel Wilhelm Leber auf dem Bremer DEKT in durchaus sympathischer Weise um die Aufnahme in die ACK buchstäblich gebeten, zum dritten gab es zeitgleich zum DEKT in Düsseldorf einen „Europäischen Jugendtag“, der sich mit rund 46.000 Teilnehmern ausgesprochen stark und selbstbewusst präsentierte und der auch vor kontroversen Themen wie Homo- Bi- und Transsexualität nicht zurück schreckte (die Präsentation dieser Themen war ausdrücklich von der NAK befürwortet worden und der Stand war zentral aufgestellt worden – es gibt in der ACK Kirchen, die dies auf keinen Fall zulassen würden) – kurz: Die NAK gibt sich alle Mühe, sich als ökumenefähig zu präsentieren.
Dagegen spricht freilich, dass das Amt des Stammapostels in jedem Fall trennend wirkt (dies hat EZW-Leiter Dr. Hempelmann Stammapostel Leber auf dem DEKT freundlich, aber deutlich entgegengehalten), dass noch nicht

deutlich genug ist, ob es sich nicht um eine Art von „Tarnen und Täuschen“ (so ein profiliertes ehemaliges NAK-Mitglied) handelt, und dass bislang noch nicht erkennbar ist, inwieweit diese Neuausrichtung wirklich die ganze NAK umfasst und nicht nur Projekt einiger weniger ist.

Von daher wird der neue Katechismus der NAK, der im Jahr 2010 erscheinen soll, mit besonderer Spannung erwartet.

Er wird die offenen Fragen sicher für einige Zeit beantworten.

Gespannt sein darf man auf jeden Fall darauf, wie der Weg der NAK zukünftig verläuft.

In jedem Fall aber handelt es sich hier nicht um eine „Sekte“ (mit der ACK teilt die NAK die Bibel, die altkirchlichen Bekenntnisse und die Tauformel), sondern um eine christliche Sondergemeinschaft mit begrenzter Ökumenefähigkeit.

Inwieweit diese entgrenzt werden kann, werden die nächsten Jahre zeigen.

2.3.: Charles Darwin - Ein Jubiläum

Es mag überraschen: Im Jahr des Darwinjubiläums blieb es in den Medien und vor allem in den Schulen weitgehend ruhig. Offensichtlich ist die Auseinandersetzung um Kreationismus und Intelligent Design inzwischen wieder abgeflaut.

Allerdings war die Podiumsdiskussion auf dem DEKT sehr gut besucht.

Und hier prallten die Meinungen denn auch heftig aufeinander.

Deutlich wurde dabei, dass es um vollkommen unterschiedliche Argumentationsebenen geht: Auf der einen Seite eine zumindest diskussionsbedürftige Auslegung der Heilsgeschichte, die besagt, dass der Kreationismus stimmen muss weil sonst die paulinischen Aussagen über den Opfertod Jesu nicht mehr stimmen würden (sic ! So der Geschäftsführer von „Wort und Wissen“, Dr. Reinhard Junker, auf dem DEKT – es geht also im Kern um die Widerspruchsfreiheit der Bibel und somit um ein hermeneutisches Problem) und auf der anderen Seite der Versuch, biblische Aussagen und naturwissenschaftliche Erkenntnisse zu verbinden.

Solange freilich der Kreationismus de facto eine Fortschreibung der Unfehlbarkeitstheorie der Bibel darstellt, ist es m.E. vollkommen

ausgeschlossen, diesen im schulischen Unterricht als irgendwie gleichberechtigt neben die Evolutionstheorie stellen zu wollen.
Erschöpfend und umfassend ist das sehr empfehlenswerte Buch von Hans-Jörg Hemminger: „Gott schuf Darwins Welt“ (Gießen, 2009, ISBN 978-3-7655-1429-6).
Dieses sollte die Diskussion für lange Zeit befrieden und beenden.

Und dann war da noch:

3.: …bis zum nächsten Biss…
Vampire…
Schon wieder Vampire.
So möchte man aufstöhnen, hält man sich den enormen Erfolg von Stephenie Meyers „Biss-Romanen“ und den nicht minder enormen Erfolg der Verfilmung des ersten Teils vor Augen.
5,5 Millionen verkaufte Bücher allein in den USA – das dringt schon in die Sphären von Harry Potter vor.
281 Millionen Dollar Einspielergebnis bis zum 11.Januar[1] - ein Platz unter den Top-Ten der erfolgreichsten Filme winkt.
Allerdings fragt man sich ein wenig verwundert: Warum ?
Ist das Vampirthema nicht hinreichend oft und vor allem literarisch wie filmisch besser variiert worden ?
Auch dann, wenn Bram Stokers Klassiker „Dracula“ wohl auf ewig unerreicht bleiben wird, auch dann, wenn Christopher Lee als Darsteller Draculas bis heute gültige Maßstäbe gesetzt hat… - auch danach hat es eigentlich eine ausreichende Anzahl von Vampirromanen und Vampirfilmen gegeben, dass die Welt „Biss…“ nicht unbedingt gebraucht hätte.
Stephen King und Roman Polanski, Klaus Kinski und F.W. Murnau, Quentin Tarrantino und Anne Rice, die Gothicband „Die Untoten“ und der Comedian Mel Brooks, Bela Lugosi (der sich mit seiner Rolle derart identifizierte, dass er in einem Sarg schlief) und Francis Ford Coppola – die Liste der Ahnen ist lang und prominent.

---

[1] Vgl. http://de.wikipedia.org/wiki/Bis(s)_zum_Morgengrauen

Und auch die Charaktere sind hinreichend variiert worden: Es gab den Gentleman-Verführer (unerreicht Christopher Lee), die homoerotisch gefärbte Variante („Chronik der Vampire“, vor allem der Film „Interview mit einem Vampir“ mit einem ausnahmsweise überzeugenden Tom Cruise), den verzweifelten Nihilisten (Klaus Kinski), moderne Vampire, in deren Höhle Poster von „Doors“-Sänger Jim Morrison hängen („Lost Boys“), es gibt die Variante für Splatterfreunde (Quentin Tarrantinos „From Dusk Til Dawn“), einige brauchbare Parodien (herausragend Polanskis „Tanz der Vampire“) und das Ganze dann als Buch, als Film als Musical, als Soundtrack und bisweilen auch als Computerspiel.

Und dann gibt es eben noch „Biss…“

Will man den enormen Erfolg dieser Bücher und des einen Filmes – weitere werden folgen, das ist gewiss, einer ist schon angekündigt – verstehen, dann muss man diese Bücher in den weiteren Kontext gegenwärtiger amerikanischer Jugendkultur einordnen.

Denn das, was in den „Biss…“-Büchern als Thema variiert wird, hat wenig zu tun mit der subversiven Erotik, mit der Bram Stoker gegen den viktorianischen Puritanismus anschrieb (freilich in verklausulierter und nur Insidern verständlicher Form).

Es hat auch wenig zu tun mit der prallen Erotik, die Roman Polanski präsentiert, mit der schwülen Erotik von Anne Rices „Chroniken“ oder dem wilden Bilderrausch eines Francis Ford Coppola.

Denn das, was gezeigt wird, wirkt seltsam anämisch, altbacken und prüde.

Es hat große Ähnlichkeiten zu populären Filmen wie „High School Musical“ oder „Hannah Montana“, allerdings unter umgekehrten Vorzeichen.

Geht es in „High School Musical“ vor allem um braungebrannte Highschoolkids und die Problematik, welche gut aussehende Cheerleaderin denn am Ende welchen gut aussehenden Boyfriend in die Arme schließen kann (das Ganze natürlich keusch und sexfrei), so dreht „Biss…“ dies einfach um:

Die Hauptperson ist irgendwie anders.

Sie ist blass, taugt nicht zur Cheerleaderin und ist die ewige Außenseiterin. Erst nach einem Umzug und in Gesellschaft einer Gruppe von Außenseitern

– die sich dann als Vampire herausstellen – fühlt sie sich angenommen und geborgen. Dass es dann eine Reihe von Bänden dauert, bis sie und der von ihre geliebte Vampir „es“ tun (nein… - kein Sex… Es geht um den Entschluss, selber Vampir werden zu wollen), zerdehnt die Handlung und lässt den Eindruck, alles schon einmal gelesen zu haben, entstehen.
Trotzdem hat diese Handlung LeserInnen gefunden und das in großer Zahl.
Und dies provoziert die Frage: Warum ?
Nimmt man die Legende, die der Entstehung des Werkes zugrunde liegt, hat Stephenie Meyer nach einem eindringlichen Traum in der Nacht vom 01.Juni 2003 gar nicht anders gekonnt, als die Inhalte dieses Traumes zur Grundlage eines Romans zu machen.[2]
Dies mag stimmen.
Ebenso wahrscheinlich ist aber, dass sie in „Biss…“ ihre eigene Geschichte reflektiert.
Ähnlich wie J.K. Rowlings in den späteren „Harry Potter“-Bänden immer wieder ihre Erfahrungen mit Schulbürokratie und ihre Unzufriedenheit mit parlamentarischer Demokratie durchblicken lässt, ist die Erfahrung, Außenseiterin zu sein für die Mormonin Meyer sicher eine prägende Erfahrung gewesen.
Und diese Erfahrung teilen viele jugendliche LeserInnen (wohl vor allem weiblichen Geschlechts) mit ihr.
Dies mag ein Grund für den enormen Erfolg von Buch und Film sein.
Blickt man aber darüber hinaus, dann sieht man, dass „Biss…“ eine Sehnsucht des Menschen aufnimmt, die Sehnsucht nämlich, dass es echte, tiefe, auf Dauer angelegte Liebe geben möge, eine Liebe, die Zeit und Ewigkeit umgreift.
Damit freilich ist eine theologische Dimension angesprochen, die im Gespräch mit denen, die die Bücher gelesen und/oder den Film gesehen haben, angesprochen werden kann.
Einmal mehr beinhaltet Populärkultur eine religiöse Dimension, die man bei aller Kritik an der wirklich nicht besonders guten Geschichte ansprechen und kreativ nutzen sollte.

---

[2] http://de.wikipedia.org/wiki/Stephenie_Meyer

2010

1.: nachdenken

Ein Jahr des Nachdenkens, ein Jahr der (Selbst-)hinterfragung.

Deutlich ist, dass "Sektenberatung" zunehmend unter Rechtfertigungsdruck gerät.

Ist es, so wird gefragt, ist es wirklich Aufgabe staatlicher Stellen, zwischen "gutem" und "schlechtem" Gott zu entscheiden ?

Ganz sicher nicht - aber dass eine solche Frage in dieser Schärfe gestellt wird, noch dazu in einem Kontext, in dem es um Scientology geht, noch dazu von einem Menschen - dem Journalisten Burkhard Schröder - der als Antifaschist und Mitglied der Piratenpartei nicht verdächtig ist, mit Scientology zu sympathisieren, weist darauf hin, dass es zunehmend nötig wird, Sinn und Zweck von "Sektenberatung" zu begründen.

Und diese inhaltliche Hinterfragung von außen, die ich mühelos um viele weitere Beispiele ergänzen könnte, wird dadurch verschärft, dass auch von innen her, auf Ebene der Landeskirchen und Bistümer, Rechtfertigungsdruck entsteht: Einrichtungen werden geschlossen, landeskirchliche Stellen gestrichen oder zusammen gelegt und Zuschüsse gestrichen oder gekürzt.

Und wenn beim Kirchentag, der für die Stimmung im Kirchenvolk immer seismographische Bedeutung hat, die Arbeit der Weltanschauungs-beauftragten zum einen abgewertet wird (der Verdacht liegt nahe, dass Teile des Präsidiums die gesamte kritische Weltanschauungsarbeit gerne aus dem Programm genommen hätte), zum anderen aber der "Religions-Check" auf der Agora sich eines noch nie dagewesenen Zulaufes erfreute, dann zeigt

dies deutlich an, dass die Arbeit ebenso umstritten wie notwendig wie ist.
Von daher bin ich für mich nach einigem Nachdenken zu dem Schluss gekommen, die Beauftragung weiter wahrzunehmen, zugleich aber einzufordern, dass intern wie extern eine Reflexion darüber einsetzt, welchen Sinn kirchliche Weltanschauungsarbeit hat und wie die Stellung der Weltanschauungsbeauftragten nicht noch weiter ausgehöhlt wird.
Mit anderen Worten: "Wir" müssen die Frage beantworten, was wir eigentlich warum machen und "Kirche" ist die Antwort schuldig, was sie sich diese Arbeit kosten lassen will und in welcher Weise sie die Arbeit der Beauftragten auch inhaltlich stützt.

So, wie es in den letzten Jahren gelaufen ist - immer weniger Hauptamtliche sind für immer breitere und diffizilere Fragestellungen zuständig und klare Aussagen der Weltanschauungsbeauftragten werden in der praktischen Arbeit offensichtlich übergangen - kann es jedenfalls nicht weiterlaufen.
Noch hat die Arbeit der kirchlichen und auch der nichtkirchlichen Beratungen eine hohe Qualität.
Noch ist es so, dass speziell die EZW als Forum der kritischen Auseinandersetzung aber auch der kritischen Wertschätzung enorme Akzeptanz genießt - dies zeigte u.a. die illustre Schar der Gäste bei Jubiläum der EZW am 13.Juni 2010. Ich jedenfalls habe mich mit Mormonen, Freimaurern, NAKlern und Mitgliedern verschiedener Freikirchen in einer offenen und sympathischen Weise unterhalten können.
Was sicher nicht möglich gewesen wäre, wenn die EZW nicht als Forum des kritischen Dialogs anerkannt wäre.
So - und nur so - kann die Arbeit zukünftig laufen: Ein Dialog, der offen kritisch ist, der die Differenzen nicht verschweigt, der das protestantische Profil zur Geltung bringt, und der trotzdem dem Anderen Wertschätzung entgegenbringt. Zumindest solange, wie der Andere sich nicht völlig außerhalb aller (Rechts-)Ordnungen begibt.
Insofern kann man die EZW und ihre Arbeit gar nicht hoch genug schätzen - mit den besten Wünschen für die nächsten 50 Jahre wünsche ich allen, die dort arbeiten, Gottes Segen für ihre Arbeit.

2.: umdenken (1)

Die notwendige Reflektion der Arbeit führt für mich zunächst einmal dazu, von einer liebgewordenen Vorstellung Abschied zu nehmen: Der Idee nämlich, dass es so etwas wie eine Renaissance der Religion gäbe, die an den Kirchen vorbei geschieht und die die Entstehung von mehr oder weniger „selbstgestrickten“ religiösen Systemen zur Folge hat. Dem ist offensichtlich nicht so.

Vielmehr ist es so, dass Atheismus und Religionskritik in oft ziemlich polemischer und flacher Form immer mehr zum Thema werden.

Dies ist aus meiner Sicht in unserer Arbeit den vergangenen Jahren arg vernachlässigt worden – man wähnte sich ja auf der Welle des „Megatrend Religion“ und konnte zugleich die arg platte Kritik von Kritikern wie Richard Dawkins oder der „Giordano-Bruno-Stiftung“ ob ihrer Plattheit recht gut karikieren und ihr damit vermeintlich ausweichen.

Inzwischen allerdings wird immer deutlicher, dass diese Kritiker mit ihrer radikalen Kritik zwar sehr weit außen stehen. Gleichwohl sind sie nicht allein und es kommen immer mehr Gleichgesinnte hinzu.

Auch wenn die „Giordano-Bruno-Stiftung“, die sich selbst als „Denkfabrik für Humanismus und Aufklärung“ versteht, gegenwärtig nur über 2000 fördernde Mitglieder verfügt, so ist doch zu beachten, dass die Zahlt der fördernden Mitglieder innerhalb eines Jahres um rund 50% angewachsen ist, und dass zum Beirat der Gesellschaft Personen wie die SPD-Politikerin Ingrid Matthäus-Meier oder der Philosoph Hans Albert gehören.

Dazu arbeitet die „Giordano-Bruno-Stiftung“ publizistisch recht geschickt: Zwar war die „Bus-Kampagne“ (ein mit dem Slogan „Es gibt (mit an Sicherheit grenzender Wahrscheinlichkeit) keinen Gott. Ein erfülltes Leben braucht keinen Glauben“ beklebter Bus fuhr durch diverse deutsche Großstädte) ob der Sperrigkeit des Slogans eher ein Reinfall, andere Aktionen aber (so vor allem das religionskritische Kinderbuch „Wo bitte geht`s zu Gott ? Fragte das kleine Ferkel“ und die Unterstützung der Gründung des „Zentralrats der Ex-Muslime“ im Jahr 2007) brachten neben öffentlichkeitswirksamem Ärger durchaus auch positive Rückmeldungen.

Und wenn man dann noch bedenkt, dass ein Teil der organisierten Atheisten daran arbeitet, mit einer Art „humanistischer Sozialarbeit“ auf traditionell kirchlichen Feldern zu punkten und dass es durchaus Versuche gibt, an Lebenswenden mit Ritualen und Sinnvermittlungsangeboten (das bekannteste ist das nach wie vor breit genutzte Angebot der „Jugendweihe“, bei dem durchaus auch atheistische Verbände Angebote machen) präsent zu sein, wird deutlich, dass hier eine Herausforderung auf ureigenstem Gebiet vorliegt, die nicht einfach ignoriert werden kann.

3.: umdenken (2)

Wenn vom umdenken die Rede ist, wird einmal mehr die „Neuapostolische Kirche“ (= NAK) zum Thema.

Einmal mehr steht die Frage im Raum, wie weit sich die NAK der Ökumene angenähert hat und ob es geboten ist, die NAK ob ihrer inhaltlichen Reformen in regionale und überregionale ACKs aufzunehmen.

Diese Frage kann man im Moment getrost mit „noch nicht“ beantworten.

Zwar ist es so, dass einige hochrangige Mitglieder der NAK offen für eine Mitgliedschaft in der ACK werben, zwar ist es so, dass die NAK ihre Glaubensartikel überarbeitet und einen neuen Katechismus angekündigt hat – und doch stehen Fragen im Raum, erhebliche Fragen:

Zu fragen ist, ob die „Ökumeniker“ in der NAK wirklich mehrheitsfähig sind und ob es nicht vielmehr so ist, dass ökumenische Annäherung die NAK in eine Zerreißprobe hinein führen würde.

Zu fragen ist, ob das am 06.Juni veröffentlichte überarbeitete Glaubensbekenntnis der NAK, das man unter http://www.nak.org/fileadmin/download/pdf/Glaubensartikel/Aushang_Gemeinde_d.pdf nachlesen kann, wirklich die Tür Richtung Ökumene öffnet oder ob es so ist, dass Harald Lamprecht mit seiner Analyse recht hat, dass lediglich „der Schlüssel bewegt und die Tür einen Spalt weit geöffnet“ wurde (vgl. Confessio 3/2010, S.6).

Zu fragen ist auch, was man, realistisch denkend, vom neuen Katechismus erwarten darf. Allein schon der Umstand, dass die Veröffentlichung dieses Werkes inzwischen auf das Jahr 2012 verschoben wurde, deutet an, dass es auf Seiten der NAK internen Klärungsbedarf in größerem Ausmaß zu geben scheint. Von daher ist es als Signal zu werten, dass die Gespräche zwischen der Arbeitsgemeinschaft Christlicher Kirchen in der Schweiz und der NAK erst einmal bis zum Erscheinen des neuen Katechismus ausgesetzt wurden.

Dies sollten sich auch deutsche ACKs zum Beispiel nehmen – eine Ökumene jedenfalls, die mehr ist als reine „Anerkennungsökumene“ ist derzeit mit der NAK nicht herstellbar.

Umso unverständlicher wirkt dann, dass das Präsidium des Deutschen Evangelischen Kirchentages die NAK in Dresden als offizielle Gruppe zulässt – dies ist eine Entscheidung, die m.E. schlicht falsch ist und so nicht hätte erfolgen dürfen.

Gleichwohl wirft das Dauerthema NAK noch einen anderen Lichtkegel auf ein lang verdrängtes Problem: Denn so sehr es wahr ist, dass die NAK aufgrund ihres elitär-exklusiven Anspruches derzeit (noch) das Paradebeispiel für eine „Sekte“ darstellt, so sehr ist auch verständlich, dass die NAK nicht gerne mit einem Begriff belegt werden will, mit dem umgangssprachlich auch suspekte Gruppierungen wie Scientology, offen kriminelle Gruppen wie die inzwischen nicht mehr existente Aum-Gruppe, und auch Gruppen, die durch rituellen Missbrauch oder Massenselbstmorde auffallen, belegt werden. Von derartigen kriminellen Machenschaften kann man die NAK natürlich klar absetzen – schwierig wird dies allerdings dann, wenn der Begriff „Sekte“ unterschiedslos wie eine Keule, mit der semantisch zugeschlagen wird, verwendet wird. Dass diese Sprachschluderei eingerissen ist, haben Sektenbeauftragte zwar nicht zu verantworten – sie haben aber auch nicht energisch genug widersprochen. Und dies, obwohl ein ausreichendes sprachliches Instrumentarium vorgelegen hätte.

Daher als Vorschlag: Wenn man von „Sekte“ redet, muss man die „Wovon-frage“ stellen können. Also: „Wovon hat sich eine Gruppe abgespalten ?“

Diese Frage ist bei der NAK, bei den Zeugen Jehovas, beim UL und auch bei einigen islamischen Sekten klar beantwortbar.

Da freilich, wo eine Antwort nicht möglich ist, redet man besser von einer

„konfliktträchtigen Gruppe“, von einem „destructive cult“ oder von einer „Neureligion“ bzw. einer „Neuoffenbarungsgruppe“ oder meinethalben auch von einer „Psycho-Gruppe“.

Die NAK jedenfalls ist nach wie vor die klassische christliche Sekte. Und daran wird sich zumindest bis zum Erscheinen des neuen Katechismus wohl auch nichts ändern.

4.: nicht-denken

Einmal mehr Thema war auch Scientology - diesmal allerdings mit Schützenhilfe von nicht unbedingt zu erwartender Seite: Der am 31.März 2010 zur besten Sendezeit in der ARD ausgestrahlte Film erreichte mit klaren und im Grunde keines weiteren Kommentares bedürftigen Bildern mehr als 8 Millionen Zuschauer.

Vermutlich hat dieser sorgfältig und eindrücklich gearbeitete Film damit mehr kritisches Bewusstsein geschaffen, als es viele Bücher, Artikel und Vorträge vermocht hätten. Aus meiner Sicht ist es mit Scientology jedenfalls inzwischen so, wie mit dem Genuss von Nikotin: Die Gefahren sind ausreichend erforscht, ausreichend und auch eindrucksvoll dokumentiert und wer dieser Gruppierung jetzt noch auf den Leim geht, der kann im Grunde nicht mehr sagen, man habe ihn nicht gewarnt.

Schlimm allerdings, dass in der Talkrunde nach dem Film einmal mehr Jürgen Fliege einen Auftritt hatte. Zwar machte dieser deutlich, dass er jede Form von Manipulation und „Gehirnwäsche“ ablehne, zugleich aber relativierte er seine Kritik dadurch, dass er sich zu der Behauptung verstieg, dass das, was im Film gezeigt wurde (Konditionierung bzw. Bestrafung eines Kindes in einem dunklen Kellerraum) als „Vertrauensübung“ integraler Bestandteil kirchlicher Jugendarbeit sei.

Diese hanebüchene These deutet – ähnlich wie die eingangs zitierte These von Schröder – an, dass ein Teil der Kritik an Scientology dadurch entkräftet wird, dass behauptet wird, dass bei Scientology nichts passiert, was nicht auch in Landes- und Freikirchen oder anderen religiösen Gruppierungen geschieht.

Diese Form der Relativierung mag langfristig dazu führen, dass dann, wenn alle religiösen Katzen grau sind, unerheblich wird, welche Katze ich aktuell

füttere.
Was natürlich fatal wäre…
Daher nur einige einfache Rückfragen an alle, die zwischen Scientology und z.B. der Evgl. Kirche keine prinzipiellen Unterschiede mehr sehen wollen:
Wann und wo und mit welchem Einsatz ist Scientology im Jahr 2010 in Haiti oder Pakistan tätig gewesen ?
Welche Altenheime werden von Scientology unterstützt ?
Welchen Teil ihrer beträchtlichen Einkünfte wendet Scientology für soziale Zwecke auf ?
Und welchen Trost erfahren Menschen, die schwer krank auf den Tod warten durch die Worte von L.Ron Hubbard ?
Diese Fragen beantworten heißt, den Unterschied zu verstehen.

5.: sapere aude – wage, zu denken

Diese Worte Immanuel Kants standen am Anfang der europäischen Aufklärung.
Sie sollen auch am Ende dieses Berichtes stehen.
„Wage, zu denken“ – ein Wagnis, dass man dem Menschen der Gegenwart ins Stammbuch schreiben sollte.
Wage, allzu einfache Antworten zu hinterfragen…
Wage es, da, wo Denkverbote aufgerichtet werden, beharrlich an diesen Mauern zu rühren…
Wage es auch, Dich selbst zu hinterfragen…
Und vor allem: Wage es, Gott zu denken.
Denn Friedrich Nietzsche hat recht: Nur da, wo wir Gott denken, denken wir – radikal gesprochen.
Und weniger als radikal zu denken sollten wir uns abgewöhnen.
Flachheiten gibt es nämlich wahrlich genug.

2011

1.: Nowhere Man

„He`s a real Nowhere Man,
Sitting in his Nowhere Land
Making all his Nowhere Plans for nobody.”

Bin ich das ?

Sind wir, die Beauftragten für Sekten- und Weltanschauungsfragen das ?

Der „Nowhere Man im Nowhere Land“ ?

Ein wenig scheint es so…

Ein wenig sieht es so aus, als ob die, die sich mit Sekten- und Weltanschauungsfragen beschäftigen, schräg von der Realität und ganz weit draußen geparkt haben und immer ein wenig neben dem, was ist, stehen.

Denn dann, wenn man sich mit den Randgebieten der Religionen beschäftigt, dann, wenn man sich mit den Grenzen der Religionsfreiheit beschäftigt, dann, wenn man sich mit den bizarren Seiten menschlichen Denkens, menschlichen Handelns befasst, dann ist man schnell am Rande der Realität angelangt.

Und in einem Jahr wie diesem, das kein großes Thema hatte, drängen die vielen kleinen Themen umso mehr nach vorn und zwingen, sich mit wirklich absurden Dingen zu beschäftigen.

Denn in diesem Jahr – da war kaum etwas…

Der Katechismus der NAK – er bleibt „der, der da kommen soll“.

Jürgen Fliege – er wird wohl der sein, der da gehen wird. Aber da kirchliche

Mühlen umso langsamer mahlen, umso mehr es um arbeitsgerichtliche Auseinandersetzungen geht, kann das noch dauern.
Die Zeugen Jehovas – sie existieren stetig, aber unauffällig.
Und selbst Scientology ist nicht mehr der große Schocker.
Was also bleibt zu berichten ?
Zuerst einmal dieses:

2.: Back in the U.S.S.R.

Dass das Land Rasputins und Wissarions ein Land ist, in dem man mit verstärktem Sektenaufkommen rechnen muss, ist spätestens mit dem Fall des Eisernen Vorhangs offensichtlich geworden.
Aktuell bewegen nicht nur Pussy Riot die Gemüter – die Verflechtung der orthodoxen Kirche mit dem wirklich fragwürdigen Putin-Staat hat mich sehr nachdenklich gemacht – sondern vor allem der Fall der „Faisrachmanisten“ (nach ihrem Gründer und nicht zu hinterfragenden „Propheten“ Faisrachman Satarow benannt), ist es, der die Gemüter bewegt.
Das, was man über die Presse vermittelt bekommt, ist in der Tat erschreckend: 65 Personen, 15 Männer, 23 Frauen und 27 Kinder, die über Jahre unter der Erde gelebt haben und von denen die Jüngsten in ihrem ganzen Leben noch nicht einmal das Tageslicht gesehen hatten – alle bedingungslos dem Willen Satarows unterworfen, alle ohne Außenkontakte, kein Arzt, keine Schule, ein einziges Radio für wenige Auserwählte und ansonsten noch ein Buch mit Weissagungen Satarows und der Koran als Lektüre…
Schlimmeres ist kaum vorstellbar.
Nun kann man natürlich sagen, dass Kasan in der Republik Tatarstan an der Wolga liegt, und so weit entfernt ist, dass es mit uns nichts mehr zu tun hat.
Trotzdem zeigt dieser eigentümliche Fall einiges von dem, was die Arbeit eines Sekten- und Weltanschauungsbeauftragten heute schwierig macht:

- Probleme bereiten zunehmend kleine und kleinste Gruppen. Gruppen, die nicht einmal Eingeweihten bekannt sind und die erst dann zum Thema werden, wenn sie mehr oder weniger spektakulär – bisweilen auch durch Gewaltanwendung – auffallen.

- Immer häufiger werden Gruppen zum Problem, die an sich in den Bereich des Islam gehören.
  Natürlich distanzieren sich moslemische Vertreter deutlich von den „Faisrachmanisten“. Es scheint aber so zu sein, als ob es auch in diesem Bereich sinnvoll sei, das Gespräch zu suchen. Denn im Grunde stehen Christen wie Moslems vor dem gleichen Problem: Wie gehen wir mit „unseren“ Sekten um ?
- Schließlich zeigt der Vorfall in Kasan, dass es offensichtlich keine Grenze in dem gibt, was Menschen freiwillig zu tun bereit sind, wenn sie nur entsprechend religiös indoktriniert und konditioniert werden.

Zum Nachdenken zwingt dieser Vorfall also auf alle Fälle.

Zum Nachdenken zwingt auch das Nächste:

3.: Lucy in the sky with diamonds

Nun gut – der Himmel hängt nicht voller Diamantenen.

Darauf können wir uns mir ziemlich jedem Gesprächspartner einigen.

Ob es aber überhaupt einen „Himmel“, ein wie auch immer geartetes „Jenseits“, einen Gott gibt und ob es überhaupt noch zeitgemäß ist, einer Religion anzuhängen und den Überlieferungen und Traditionen dieser Religion nachzuleben – auch dann, wenn womöglich staatlicher Gerichte zu anderen Schlüssen kommen – diese Frage führt zu immer schärferen Auseinandersetzungen.

Und diese Auseinandersetzungen werden selten da geführt, wo sie hingehören: Nämlich in einem wissenschaftlicher Arbeit verantworteten Kontext.

Viel öfter ist es so, dass der Angriff auf alles das, was sich als „Religion“ durch deutliches Bekenntnis oder geforderte klare Praxis erkennbar macht, in Internetforen, in recht platten Bestsellern, in Interviews oder in der Boulevardpresse erfolgt.

Liest man einmal, welche Reaktionen meine – kritische - Rezension des Buches „Der Jesuswahn“ im Forum eines an sich seriösen Online-Buchhändlers nach sich gezogen hat (inzwischen habe ich sie gelöscht, weil

die Kommentare einfach unter jedem Niveau waren) oder verfolgt man, wie manche (!!!) Passanten auf das an sich wirklich angenehme, freundliche und durch und durch positive Angebot der „Himmelskirche“ auf dem Hessentag reagierten („Lass mich mit Eurem Kirchendreck in Ruhe“ war noch eher harmlos), dann wird deutlich, dass uns der Wind mehr und mehr ins Gesicht steht.
Ob wir dieser Herausforderung gerecht werden können, zeigt sich m.E. vor daran, ob es uns gelingt, das, was wir glauben und das, was wir aus diesem Glauben heraus tun, verständlich darzustellen.
Und dann vielleicht auch bescheiden im Auftreten zu präsentieren (dies Beispiel von der diesjährigen documenta macht vielleicht Mut: http://www.sonntagsblatt-bayern.de/news/aktuell/2012_34_21_01.htm).
Sauberes theologisches Argumentieren wird jedenfalls zu einer der wesentlichen Herausforderungen der nächsten Jahre.

4.: Something…

Irgendwas könnte es bewirken und irgendwie könnte es tatsächlich so kommen, dass der nächste US-Präsident ein Mormone ist.
Dies erfordert einige grundsätzliche Informationen über diese „Heiligen der letzten Tage“, wie sie sich bisweilen selbst bezeichnen:
Bei Karl May und Arthur Conan Doyle haben sie ja nicht gerade gute Presse – sie gelten als bigotte Finsterlinge, die einem Gewaltverbrechen nicht abgeneigt sind.
Nun sind diese Darstellungen natürlich mehr als 100 Jahre alt, und sie waren auch damals schon Verzerrungen.
Heute jedenfalls steht nicht zu erwarten, dass ein Präsident Romney die Polygamie befürwortet, und es steht ebenso wenig zu erwarten, dass er die Prohibition wieder einführt.
Und – so könnte man fragen: Was ist so schlimm an einer Religion, die sehr hohen Wert auf die Familie legt, die in ihren Werten traditionell amerikanisch-konservativ ist, und zu deren Grundsätzen der Verzicht auf Alkohol, Zigaretten und Drogen gehört ?
Und in der Tat: „Schlimm“ sind die Mormonen nicht.

„All die ganzen Jahre…“

Dass man es nicht mit weltabgewandten Sonderlingen zu tun hat, mag schon der Umstand zeigen, dass Romney es geschafft hat, zum Kandidat für das Amt des „mächtigsten Mannes der Welt“ erkoren zu werden. Das schafft man nicht, wenn man ein weltfremder Sektierer ist.

Und auch die Olympischen Spiele in Salt Lake City haben gezeigt, dass es den Mormonen ernst mit dem Anspruch, die „besseren Amerikaner“ zu sein, war.

Trotzdem aber leidet es keinen Zweifel, dass die Mormonen, obwohl sie sich auf den Gott Israels und auch auf Jesus Christus berufen, weder im engen noch im weiten Sinne etwas mit dem christlichen Glauben zu tun haben. Dies verdient durchaus Beachtung, da sich die Mormonen selbst als „entschiedene Christen“ bezeichnen und da, nach Umfragen, 52% aller Amerikaner davon ausgehen, dass die Mormonen in der Tat Christen sind.

Dagegen muss aber festgehalten werden, dass die Mormonen über die Bibel hinaus eine Fortschreibung der Offenbarung kennen, die so massiv ist, dass die biblische Überlieferung im Grunde nur Material ist, mit dem das Buch Mormon arbeitet, und dass sie das Bekenntnis von Nicaea nie akzeptiert haben.

Und da sie sich faktisch komplett neu gegründet und nicht von einer bestehenden Kirche abgespalten haben, zählt man sie auch besser nicht zu den Sekten. Zutreffend ist, dass es sich um eine synkretistisch-neureligiöse Gruppe handelt, der man durchaus mit Achtung, aber auch mit klarer Distanzierung begegnen sollte.

Und über das Interesse hinaus, das ihnen durch die US-Präsidentschaftswahl zuteilwird, ist darauf hinzuweisen, dass die Mormonen weltweite Ahnenforschung betreiben.

Dies deshalb, weil man sich nach mormonischem Glauben für verstorbene Familienangehörige taufen lassen kann. Diese werden dann ebenfalls zu Mormonen und damit entrinnen sie allen jenseitigen Strafen.

Daher habe Mormonen ein großes Interesse daran, herauszufinden, wer zu ihrer Familie gehört.

Einmal abgesehen davon, dass die Vorstellung, dass Martin Luther inzwischen Mormone ist, ebenso belustigend wirkt wie die Vorstellung, dass auch Adolf Hitler inzwischen dazu gehört, einfach nur ein Skandal ist, heißt das für uns, die wir Kirchenbücher führen, dass wir bei Anfragen, die wir nicht zuordnen können, besser einmal nachfragen.

Ich jedenfalls möchte nicht posthum mormonifiziert werden.

5.: With a little help from my friends

Wenn man fast zwei Jahrzehnte seines Lebens in verschiedenen Funktionen mit Sekten- und Weltanschauungsfragen zu tun hat, bleibt es nicht aus, dass man Weggefährten findet, die mit den Jahren auch zu echten Freunden werden.

Und es bleibt nicht aus, dass es immer mal wieder Änderungen in den verschiedenen Besetzungen kirchlicher Gremien gibt.

In den vergangenen beiden Jahren haben eine Reihe von landeskirchlichen Beauftragten ihren (Un-)Ruhestand angetreten: Gabriele Lademann-Priemer, Jan Badewien, Thomas Gandow und Eduard Trenkel wären zu nennen.

Außerdem haben Matthias Pöhlmann und Claudia Knepper nach Ablauf ihrer Verträge die EZW verlassen.

Ein wenig wehmütig blicke ich auf die gemeinsame Zeit zurück, auf die Arbeit bei Kirchentagen und auf gemeinsame Seminare und Fortbildungen.

Den Nachfolgern – es sind bislang tatsächlich nur Männer – wünsche ich den Segen Gottes und den Humor, den man für diese, oft winklige, Arbeit braucht.

6.: Let it be

Wenn es eine Überlegung gab, die mich das letzte Jahr begleitet hat, dann die Frage, ob ich weiter machen oder ob ich die Synodalbeauftragung in andere Hände geben soll.

Gerade unter dem Eindruck des Abgangs vieler vertrauter KollegInnen entsteht leicht der Eindruck, langsam zum Fossil zu werden.

Und dann, wenn man Religion und Glaube immer nur unter dem Blickwinkel des Mißbrauchs und des Zerfalls betrachtet, wird man leicht paranoid und

verliert die Freude am Glauben aus den Augen.
Also: „Speaking words of wisdom: Let it be“ ?
Dass ich mich entschieden habe, weiter zu machen, hängt vor allem mit der unter 2. beschriebenen Entwicklung zusammen: Zunehmend hängen Fragen nach Sekten mit Fragen nach dem Islam zusammen.
Von daher ergibt es durchaus Sinn, die Beauftragung für Sekten- und Weltanschauungsfragen mit der Beauftragung für den christlich-islamischen Dialog zusammen zu legen.
Und daher bin ich bereit, weiter zu machen, solange die Synode dies zulässt…

7.: All you need is love
Ja…
Nimmt man 1.Joh.4,16 ernst, muss man sagen:
Ja !
Unbedingt !

Und spätestens dann, wenn das gilt, wird diese Beauftragung hoffentlich überflüssig.

Aber das ist eine andere Geschichte, die ein anderes Mal erzählt wird.

2012

1.: Die unendliche Geschichte

Wieder neigt sich ein Berichtsjahr dem Ende zu.

Und wieder könnte ich unendliche Geschichten weiter- und weitererzählen: Die Geschichte von der Neuapostolischen Kirche und ihren Versuchen, sich der Ökumene zu öffnen, etwa.

Oder die Geschichte der Scientologen, die einmal mehr mit prominenten Abgängen und spektakulären Enthüllungsbüchern zu kämpfen hatten.

Oder auch Geschichten von kleineren und größeren Gruppierungen die kaum jemand kennt, und die solange uninteressant sind, bis man selbst in ihre Fänge gerät.

Alle diese Geschichten haben aber einen gravierenden Nachteil: Ich habe sie bereits erzählt.

Und das wieder und wieder.

Auch wenn die Namen wechseln mögen, auch wenn die eine oder andere Entwicklung perspektivisch interessant sein mag – im Großen und Ganzen hat sich in diesem Berichtsjahr wenig mehr als nichts verändert.

Eine gute Möglichkeit also, zwei aktuelle Geschichten zu erzählen, die in diesem Jahr besondere Aufmerksamkeit erforderten: Zum einen die Geschichte von „Des Nazis neuen Kleidern“ und zum anderen die Geschichte „Wahn ! Wahn ! Überall Wahn !“ die anläßlich des 200.Geburtstages von Richard Wagner zu schreiben war.

2.: „Des Nazis neue Kleider“ – Entwicklungen im rechtsextremen Spektrum

1.: Ein missglückter Banküberfall…

Ein missglückter Banküberfall in Jena im Jahr 2011 war es, der das, was man über Rechtsextremismus und Terror zu wissen glaubte, schlagartig in Frage stellte. Denn bei der Nachverfolgung des Falles stieß die Polizei auf eine Terrorwelle, die über einen Zeitraum von mehr als 10 Jahren im gesamten Bundesgebiet mindestens 10 Todesopfer forderte, und die außerdem für eine Reihe von weiteren Anschlägen verantwortlich war.

Auch wenn der „NSU-Prozess“ um die „Zwickauer Terrorzelle“ noch andauert und auch wenn derzeit überhaupt noch nicht klar ist, in welchem Umfang der Verfassungsschutz in die Arbeit des NSU verstrickt war, so ist doch eines deutlich festzuhalten: Terrorismus von rechts ist ein schwerwiegendes Problem, das viel zu lange ignoriert bzw. verharmlost wurde. Nimmt man die Zahl von 149 Toten ernst, die der „Tagesspiegel“ am 31.05.2012 veröffentlichte oder gar die Zahl von 182 Todesopfern, die die Amadeu-Antonio-Stiftung im November 2011 angab,[3] und vergleicht man diese Zahl mit der Anzahl der Opfer des RAF-Terrors,[4] stellt sich eindrücklich die Frage, ob Deutschland nicht über Jahre hinweg auf dem rechten Auge blind war, und ob die Gewichtung zwischen der Verfolgung „linken“ und „rechten“ Terrors wirklich sachgemäß gewesen ist.

Grund genug jedenfalls, zu fragen, wie sich die rechtsextreme Szene heute darstellt und mit welchen Mitteln man ihr begegnen kann.

2.: Phänomen Rechtsextremismus

Stellt man die Frage nach der Einordnung und Bewertung von

[3] Die offizielle Zahl von 46 Toten wurde inzwischen auf 58 korrigiert. Zu erwarten steht, dass im Verlauf des NSU-Prozesses und weiterer Untersuchungen diese Zahl noch deutlich steigt und sich der vom „Tagesspiegel“ angegebenen Zahl annähert. Alle Zahlen stammen aus der Studie: „Die Mitte im Umbruch. Rechtsextreme Einstellungen in Deutschland 2012“, hg. v. Friedrich-Ebert-Stiftung, Bonn, 2012, S.12.

[4] Der SPIEGEL gibt diese Zahl mit 33 an: http://www.spiegel.de/panorama/zeitgeschichte/raf-eine-bilanz-des-terrors-a-479483.html

Rechtsextremismus heute, dann wird sehr schnell sehr deutlich, dass alte Zuordnungen zunehmend in Frage zu stellen sind.
Dies schon deshalb, weil es sich um ein gesamtgesellschaftliches Problem handelt, das bis weit in die „bürgerliche Gesellschaft“ ragt, und das darüber hinaus nicht auf Deutschland beschränkt werden kann.[5]
Einfache Antworten und stereotype Zuordnungen werden zusätzlich dadurch erschwert, dass es sich bei der rechtsextremen Szene um ein „lernendes System“ handelt, das auf Widerstände reagieren und Aussehen wie Handlungsprofil veränderten Gegebenheit anpassen kann.[6]
Provokativ gesprochen: Wenn man es mit der rechtsextremen Szene zu tun bekommt, bekommt man es nicht mehr „nur“ mit martialisch aussehenden und sozial eher randständigen Personen zu tun.
Natürlich gibt es diese nach wie vor. Und wie der im Frühling 2013 in Wetzlar gezeigte Film „Blut muss fließen: Undercover unter Nazis“ zeigt, hat diese Szene nach wie vor Anhänger, die in der Wahl ihrer Mittel alles andere als zimperlich sind.
Neben diesen eher grobschlächtigen Schlägern gibt es aber auch Rechtsradikale, die sich als hochkriminelle Terrorgruppe organisieren.
Und dann gibt es eben auch die anderen: Die, die argumentativ versiert sind, und die nicht daran interessiert sind, schon aufgrund ihres Aussehens und der von ihnen favorisierten Musik an den Rand gedrängt zu werden.
Die Szene ist breiter geworden, und sie hat einen Überbau erhalten, den man nicht so leicht einstürzen kann.
Daher steht die Frage im Raum, wie man diesen Menschen begegnet, und wie man sich gegen ein derartiges Weltbild zur Wehr setzt.
Einfache Parolen („Nazis raus!“) erinnern semantisch fatal an das, was die Rechtsextremen unter umgekehrten Vorzeichen eben auch fordern.

---

[5] Die FES-Studie „Die Mitte im Umbruch“, S.8 geht davon aus, dass der Prozentsatz derer, die über ein geschlossenes rechtsextremes Weltbild verfügen, gegenwärtig bei 9% liegt – mit steigender Tendenz. Einzelne Versatzstücke eines rechtsextremen Weltbildes allerdings erreichen Zustimmungswerte von bis zu 38% (Ausländerfeindlichkeit im Osten Deutschlands).

[6] So die sehr erhellende Studie „Rechtsextreme Strukturen in Dortmund“, hg. v. „Dortmunder Aktionsplan gegen rechts“, S.7.

Und der häufig zu hörende Satz: „Faschismus ist keine Meinung sondern ein Verbrechen“ mag stimmen. Er übersieht aber zum einen, dass bis heute die NPD eine legal zugelassene Partei ist (wäre das mit dem „Verbrechen“ so einfach, müsste die NPD in jedem Fall verboten werden) und zum anderen, dass man nicht mehr so einfach sagen kann, wer denn nun ein „Faschist“ oder ein „Rechtsextremer“ ist.
Wie will man das beurteilen ?
Woran will man das festmachen ?
Wie etwa – ein heißes Thema im vergangenen Jahr – ordnet man die Band „Freiwild“ ein ?
Und wie geht man damit um, dass eine Reihe namhafter und durchaus unverdächtiger Menschen (u.a. Franz Alt, Christian Führer, Pfarrer der Leipziger Montagsdemos, der Satiriker Eckhard Henscheid oder Friedhelm Julius Beucher, Vorsitzender des Deutschen Behindertensportverbandes und ehemaliger SPD-MdB) auf der HP der „Jungen Freiheit“ als regelmäßige Autoren gelistet sind?
Eine einfache Antwort fällt schwer. Denn die erwähnten Personen sind eines mit Sicherheit nicht: Rechtsextreme. Oder auch nur im Umfeld des Rechtsextremismus beheimatet.
Trotzdem sind sie Autoren einer Zeitung, die zu Recht als wesentliches „Scharnierorgan“ hin zur rechten Szene gilt.
Überhaupt: „Scharnierorgane“ !
Die katholische Theologin Sonja Angelika Strube hat im Vorbereitungsheft der diesjährigen „Interkulturellen Woche“ der Kirchen, das immerhin Grußworte der EKD, der Deutschen Bischofskonferenz und der Griechisch-Orthodoxen Kirche enthält, auch christlichen Medien (vor allem IDEA) und Internetportalen (vor allem das inzwischen eingestellte kreuz.net) vorgeworfen, wichtige Scharnierorgane für rechtsextremes Gedankengut zu sein. Natürlich wurde dieser Einschätzung energisch widersprochen.[7] Und

[7] Vgl. http://www.interkulturellewoche.de/hefteintrag/2013/wer-offen-ist-kann-mehr-erleben/rechtsextreme-einstellungen-machen-vor
Dazu die Stellungnahme der Evgl. Allianz: http://www.pro-medienmagazin.de/?id=nachrichten&news[action]=detail&news[id]=6885

dies durchaus auch zu Recht.
Diese Einschätzung freilich zeigt auch, wie schwierig es ist, mit einfachen Zuweisungen zu arbeiten.
Und vor allem steht die Frage im Raum, ob, wenn rechtsextremes Gedankengut wirklich bis weit in die Mitte der Gesellschaft hinein vertreten ist (und sei es nur in Form einer noch recht unkonkreten Ausländerfeindlichkeit oder einer undifferenzierten Ablehnung des Islam), „Kirche“ wirklich in allen Teilen frei davon ist.

3.: Was tun ?
Da dies virulente Fragen sind, haben wir im vergangenen Jahr Sup. i.R. Hartmut Anders-Hoepgen sowohl zu einem Pfarrkonvent als auch zu einem Wetzlarer Gespräch eingeladen.
Sup. i.R. Anders-Hoepgen ist durch seine Tätigkeit im „Dortmunder Aktionsplan gegen rechts“ weit über Dortmund hinaus bekannt geworden. Dies vor allem deshalb, weil die Menschen in Dortmund sich nicht damit abfinden wollten, einen Stadtteil mehr oder weniger geschlossen an den „Autonome Nationalisten“ zu verlieren. Sie haben in einem entschlossenen Aufbegehren gezeigt, dass es möglich ist, sich mit dem Rechtsradikalismus offensiv auseinander zu setzen und dabei dann auch Erfolge zu erreichen.

Folgende Strategien der Auseinandersetzung kann man von Dortmund lernen:

- *Stärkung der Demokratie*. Es ist schlicht inakzeptabel, wenn annähernd 80% der Bevölkerung in der FES-Studie angeben, dass sie „sowieso keinen Einfluss darauf haben, was die Regierung tut“ und wenn rund 60% der Bevölkerung der Ansicht sind, dass es sinnlos ist, sich überhaupt politisch zu engagieren. Und wenn rund 50% der Bevölkerung in derselben Studie angeben, dass die Demokratie so, wie sie derzeit funktioniert, nicht gut funktioniert, liegt ein erhebliches Problem vor. Offene oder auch verdeckte Verachtung der Demokratie stärkt radikale Kräfte – dies zeigt die Geschichte der Weimarer Republik sehr deutlich. Hier sind vor allem die Politiker gefordert, deutlich gegen zu steuern.

- *Zivilcourage*. Offensives Angehen des Problems ist sinnvoll. Das beinhaltet auch eine klare Positionierung gegen rechts. Kein taktisches Rumgeeiere, sondern klare Aussage, was diskutabel ist und wo Grenzen überschritten werden.

- *Vorurteilen und Falschaussagen deutlich entgegentreten*.
- *Erinnerungsarbeit*. Die Erinnerung an die Geschichte des 3.Reiches – vor allem an den Orten, an denen die Verbrechen geschahen, bleibt aufgegeben. Ebenso wichtig ist es aber, den vielen, bis heute namenlosen Opfern, einen Namen, eine Geschichte zu geben.
- *Anreize für Aussteiger schaffen*. Andreas Molau, ein hochrangiger NPD-Aussteiger, berichtete bei einem Treffen der Synodalbeauftragten davon, dass er fast keine Möglichkeit mehr hat, in ein „normales“ Leben zurück zu kommen.
  So schafft man keinen Anreiz, eine Szene zu verlassen, die manchen Menschen ein durchaus passables Auskommen ermöglicht.
  Sup. i.R. Anders-Hoepgen legte daher großen Nachdruck darauf, dass die, die andere Menschen ausgrenzen, die, die anderen Menschen die Menschenwürde absprechen, nicht gleiches erfahren dürfen. Denn dies führt zu einer Verhärtung in einer Außenseiterposition. Gerade Christen, die darum wissen, dass Gott zwischen einem Menschen und seiner Tat einen Unterschied macht, sollten ebenso eindeutig, wie sie Weltbild und Taten Rechtsradikaler verurteilen, deutlich machen, dass dies nicht die grundsätzliche Akzeptanz eines Menschen in Frage stellt.

Diese offensive Auseinandersetzung bleibt aufgegeben, auch und gerade für den SEA.
So ist ein weiteres Wetzlarer Gespräch zum Thema „Antisemitismus“ ebenso geplant wie eine Darstellung des Themas in der Lokalpresse.

3.: „Wahn ! Wahn ! Überall Wahn !“ – Anmerkungen zu Richard Wagner[8]

Natürlich kann man anfragen, was ein Bericht über Richard Wagner im Bericht eines Sekten- und Weltanschauungsbeauftragten der Evgl. Kirche im Rheinland zu suchen hat.

Wer allerdings auch nur einmal in Bayreuth war und wer darüber hinaus miterlebt hat, in welch einer sakralen Atmosphäre Wagners „Parzifal“ aufgeführt wird – bis dahin, dass am Ende des ersten Aktes ehrfürchtiges Schweigen den ansonsten üblichen Applaus ersetzt – der bekommt einen Eindruck davon, dass es eben immer auch um mehr als Musik geht, wenn man mit Wagner zu tun bekommt. Doch das, worum es eben auch geht, ist weltanschaulich hochgradig aufgeladen und auch hochgradig umstritten.

Vier Fragekomplexe lassen sich dabei ausmachen:

3.1.: Wagner und der Nationalsozialismus

„Es ist viel Hitler in Wagner“.

Eine Zitat von Thomas Mann, das das Unbehagen, dass viele Hörer mit Wagner verbinden, prägnant in Worte fasst.

Und in der Tat: Die Beziehung Hitlers zu Wagner und mehr noch die Beziehung von Wagners Familie (allen voran seine Schwiegertochter Winifred) zu Hitler ist von einer Begeisterung und einer Nähe geprägt, die deutliche Kritik verdient. Dies hat vor allem Brigitte Hamann in ihrem Standardwerk „Winifred Wagner oder Hitlers Bayreuth“ breit und hinreichend kritisch dargestellt.

Die Frage allerdings, ob man diese unentschuldbaren Irrungen seiner Familie auch Richard Wagner anlasten kann, muss gestellt werden.

Und die Antwort fällt nicht leicht.

Denn im Werk Wagners gibt es durchaus Anknüpfungspunkte für nationalsozialistisches Denken. So vor allem die Verwendung von germanischer Mythologie und Sagenstoff des europäischen Mittelalters für die Librettos seiner Opern. Damit wich Wagner deutlich von seinen

[8] Überarbeitete Fassung eines Aufsatzes, der anlässlich Richard Wagners 200.Geburtstages im Materialdienst der EZW 9/2013, S.323-329 erschienen ist.

Vorgängern und auch von seinen Zeitgenossen ab. Und speziell seine Bearbeitung des Nibelungenmythos erfreut sich bis heute in neuheidnischen Kreisen großer Beliebtheit. Zwar sind diese Kreise nicht durchweg rechtsaussen einzuordnen – trotzdem gibt es hier eine durchaus tragfähige Brücke. Die durch den berühmt-berüchtigten Schlusschor der „Meistersinger“: „Ehrt eure deutschen Meister, dann bannt ihr böse Geister“ noch verstärkt wird. Möglichkeiten eines braunen Gebrauchs (Mißbrauchs ?) sind als durchaus vorhanden.
Trotzdem denke ich aber, dass es zu einfach ist, aus Wagner einfach einen Wegbereiter des Nationalsozialismus zu machen. Dafür war er bei allen Anknüpfungen doch zu sehr Kind der revolutionären Stimmungen des 19.Jahrhunderts (an der Revolution von 1848 nahm er sogar aktiv teil) und in seinem ganze Wesen zu sehr auf sich selbst bezogener Freigeist.

3.2.: Wagner und der Antisemitismus

Hier freilich kann nicht mehr moderat urteilen. Wagner war Antisemit durch und durch – so sehr, dass seine Witwe Cosima mit einem gewissen Recht sagen konnte, dass Wagners „Aufsatz über die Juden den Anfang dieses Kampfes“ gemacht hat. Die Grundthese dieses Werkes, der Wagner (und - wie ich am Rande der Bayreuther Festspiele eher beiläufig erfahren habe – auch mancher Wagnerianer) ist, dass der Jude als Ausländer, der die modernen europäischen Sprachen eben nicht als Muttersprache spreche, seiner Natur gemäß nur nachahmen, nicht aber schaffen könne. Diesen hanebüchenen Unsinn hat Wagner Zeit seines Lebens durchgehalten und auch dahin gehend praktiziert, dass jüdische Musiker, Sänger und Dirigenten mit einer bornierten Dummheit, die ihres gleichen sucht, von den Bayreuther Festspielen weitgehend ausgegrenzt wurden.
Dieser Befund ist allerdings nicht durchweg gültig: So konnte sich Wagner für das Libretto des „Fliegenden Holländers“ durchaus bei Heinrich Heine bedienen (so viel zum Thema „Nachmachen“) und es gibt bis heute eine Reihe namhafter jüdischer Künstler (allen voran die Dirigenten Hermann Levi, Bruno Walter, Daniel Barenboim und James Levine), die mit ihren Wagnerinterpretationen Maßstäbe gesetzt haben. Und das sogar in Bayreuth.

Trotzdem: Wagner war Antisemit durch und durch und die Frage steht im Raum, warum man sein Werk nicht ebenso konsequent ächtet, wie z.B. Rainer Werner Faßbinders Machwerk „Der Müll, die Stadt und der Tod“ nicht aufgeführt wird. Die einfache Antwort, zwischen dem Schöpfer und seinem Werk einfach zu trennen, verbietet sich m.E. bei Wagner. Denn Wagner ist nicht so einfach von seinem Werk abzutrennen. Dafür ist er in sich viel zu sehr „Gesamtkunstwerk“.

Zu fragen ist allerdings, ob es im Werk Wagners erkennbare Antisemitismen, also Figuren, die eindeutig jüdisch konnotiert und eindeutig negativ gezeichnet sind, gibt. Diese Frage wird unterschiedlich beantwortet. Doch auch wenn man diese Frage nach den jüdischen Konnotationen bejaht – was m.E. für die Rolle des Sixtus Beckmesser, der Kundry und des Holländers durchaus möglich ist – muss man zugestehen, dass diese Figuren zwar gebrochen und auf der Suche nach Erlösung, aber eben keine „bösen“ Charaktere sind.
Von daher bleibt bei allem Antisemitismus, vor dem nicht die Augen verschließen darf und den man deutlich thematisieren muss, doch die Erkenntnis, dass dieser Antisemitismus in Wagners Opern allenfalls in einer gebrochenen Form wahrgenommen werden kann. Trotzdem: Verschweigen oder naiv darüber hinwegsehen darf man m.E. nicht.

3.3.: Wagner und Wotan – oder: Den Göttern dämmert was…

Nicht nur kompositorisch und konzeptionell hat Wagner mit der ihm vorgegebenen Operntradition gebrochen. Neu ist auch der von ihm verwendete Stoff und die Intention seiner Werke: Wurden die Libretti bis zu Wagner oft aus der europäischen Antike, aus zeitgenössischen Romanen oder schlicht aus der Phantasie entnommen, so orientiert sich Wagner – von den Frühwerken „Die Feen“, „Das Liebesverbot“ und „Rienzi“, die je auf ihre Weise der Tradition verhaftet sind, einmal abgesehen – an germanischer Mythologie und an Epen des deutschen Mittelalters.
Diesen Stoff bearbeitet er aber mit einer großen Freiheit und vor allem immer so, dass es seiner Weltsicht entspricht: Letztlich ist der Mensch den Irrungen

und Wirrungen dieser Welt ausgeliefert und auf Erlösung angewiesen, eine Erlösung, die in liebender Annahme besteht und durchweg im (gemeinsamen) Liebestod mündet.
Besonders deutlich wird dies an Wagners Hauptwerk, dem „Ring des Nibelungen“.
Wie immer man zu Wagner und seinem Werk steht: Der „Ring“ ist ein Werk von imposanter Größe, das die Opernwelt revolutioniert hat. Dadurch, dass sich Wagner nicht am mittelhochdeutschen „Nibelungenlied“, sondern an der Überlieferung der Edda orientiert hat, sind die historischen Hintergründe weitgehend abgeschnitten.
Damit weitet sich der Blick von einer menschlichen Tragödie zu einem Drama von kosmischen Ausmaßen. Und entsprechend diesem Anspruch enthält Wagners Ring dann eine Zeitlinie, die von der Schöpfung der Welt (die freilich nicht explizit geschildert wird, sondern nur immer wieder anklingt) bis zur „Götterdämmerung“ reicht. Diese ist allerdings nicht das endgültige Ende, dem dann – wie in der christlich-jüdischen Überlieferung - ein „neuer Himmel und eine neue Erde“ folgen, nein: Am Ende des „Ringes“ wird der Urzustand wiederhergestellt. Die Götter, allen voran der durch und durch intrigante Göttervater Wotan, haben durch das Ende ihrer Burg Walhall und ihren Tod gesühnt. Der Ring ist zu den Rheintöchtern zurückgekehrt, Riesen, Drachen und andere missliebige Kreaturen existieren nicht mehr, auch der titanische Übermensch Siegfried und der üble Schurke Hagen sind abgetreten und der immense Schatz des Rheingolds ist nur noch eine Erinnerung. Das Zeitalter der Götter wurde durch das Zeitalter der Menschen abgelöst.
Es ist nun an den Menschen, es besser zu machen. Loriot drückt dies am Ende seiner Fassung des „Ringes“ ebenso scharf- wie feinsinnig aus: „Noch bleibt uns die Hoffnung, dass unseren Göttern etwas dämmert, bevor der Vorhang fällt.“

3.4.: „Erlösung dem Erlöser“ – Wagner und die Religion.

Das Thema „Erlösung“ überlagert die Opern Wagners von Anfang an. So ist es auch nicht verwunderlich, dass am Ende seines Werkes mit dem „Parzifal“ ein Werk steht, dass das Thema „Erlösung“ noch einmal breit entfaltet und

zugleich auf eine religiöse Ebene hebt. Eine Ebene, die sich durch ihre Symbolik und Metaphorik unverhohlen christlich gibt, die aber faktisch Ausfluss einer hochindividualisierten „Kunstreligion“ ist.
Vordergründig drückt sich diese durch christliche Versatzstücke aus: Taufe, Taube, Abendmahl, Karfreitag, der Gral, die heilige Lanze, Keuschheit und Erlösung. Diese Melange hat in der Wirkungsgeschichte dazu geführt, dass der „Parzifal“ an einigen Orten nur am Karfreitag aufgeführt wird, dass er in einer fast sakralen Stimmung rezipiert wird, dass während des Werkes und zum Teil sogar am Ende des Stückes nicht geklatscht wird, so dass man insgesamt das Gefühl hat, eher einem Gottesdienst als einer Oper beizuwohnen. Diese Rezeption war von Wagner durchaus beabsichtigt – dass der „Parzifal“ ein durch und durch religiöses Werk war, ergibt sich schon daraus, dass es sich gemäß Wagners Anweisung um ein „Bühnenweihfestspiel“ handelt, dessen Aufführungen allein Bayreuth vorbehalten sein sollten.
Sieht man allerdings hinter die Kulisse, dann findet man viel religiöses Drumherum, aber wenig wirklich christliche Substanz. Der Gral und die heilige Lanze sind zwar festverankerte Patterns im christlichen Mittelalter - im NT allerdings spielen beide Gegenstände absolut keine Rolle. Und Wagner, der den Parzifal erst in seinen letzten Lebensjahren vollendet hat, hätte den Stand der kritischen Bibelwissenschaft seiner Zeit durchaus wissen können. Auch sonst war er ja auf der Höhe seiner Zeit. Und für kritische Bibelauslegung spielen Reliquien gleich welcher Art kaum eine Rolle. Im „Parzifal“ dagegen dominiert eine Reliquiengläubigkeit, die schlicht nicht ins 19.Jahrhundert passt. Und die geschehende „Erlösung“ hat mit Weltentsagung und – Falle Kundrys – sogar mit dem Tod zu tun. Würde jede Taufe mit dem Tod enden hätte die Kirchen schon lange ein echtes Problem. Dazu steht die menschliche Tat – die Weltentsagung – vor der göttlichen Tat der Erlösung. Die Gnade folgt also dem Werk des Menschen nach.
Christlich ist das nicht.
Das, was hier christlich erscheint, sind also letztlich Versatzstücke von Wagners Hoffnung auf Erlösung. Die gleichwohl von seiner „Gemeinde“ als integrale Bestandteile einer neuen Erlösungsreligion antizipiert wurden.

Ungeachtet der christlich verbrämten Stücke und der weitgehend großartigen Musik wird hier ein Mix angerührt, der schwer verdaulich bleibt.

4.: …und dann noch: Weihnachten wird nicht abgesagt

Kurz vor Ende des Berichtszeitraumes gab es dann doch noch einen Aufreger: Die von Berliner Zeitungen – allen voran die „BZ“ lancierte Schlagzeile: „Weihnachten wird abgeschafft“ schlug wie eine Bombe ein. Zwar entpuppte sich der angebliche Skandal als Sturm im Wasserglas – das Bezirksparlament Friedrichshain-Kreuzberg hatte zwar beschlossen, den Begriff „Religion“ bei der Verleihung der Bezirksmedaille zu streichen, nicht aber die Verleihung derselben an religiös motivierte Personen oder Gruppen untersagt und in diesem Zusammenhang auch über eine Umbenennung religiöser Feste nachgedacht, diese aber nicht beschlossen.

Anhand dieses Falles aber lässt sich die reflexartige Reaktion deutscher Diskussionen in bestürzender Deutlichkeit studieren. Denn kaum war diese Meldung veröffentlicht – wie gesagt: Sachlich falsch und im Stil der BZ reißerisch aufgemacht – gab es einen Sturm der Empörung, der sich vor allem im Internet Bahn brach.

Auf Seiten wie „politically incorrect“ oder „freiewelt“ wurde diese Schlagzeile wie folgt kommentiert:

„Die vorauseilende Unterwerfung der linksgrünen Volksverräter schreitet immer drastischer voran. Im Berliner Stadtteil Halbmondberg – früher als Kreuzberg bekannt – ist nun das Weihnachtsfest auf öffentlichen Plätzen verboten worden. Verantwortlich für diesen rückgratlosen Kniefall vor den orientalischen Invasoren sind die Islamspeichellecker von Grünen, Linken und Piraten. Anti-patriotische Deutschland- und Christenhasser erweisen sich als willige Steigbügelhalter der Islamisierung. Der Ausverkauf mitteleuropäisch-christlicher Werte hat begonnen, die Machtübernahme des Islams wird vorbereitet. (…) Linke Anti-Patrioten zerstören die Wertebasis unseres Landes und bereiten den Boden für einen islamischen Gottesstaat. Die Anklageliste von Nürnberg 2.0 dürfte um einige Namen erweitert werden.“(http://www.pi-news.net/2013/09/berlin-kreuzberg-weihnachten-abgeschafft/)

Und leider zieht solch hanebüchener und volksverhetzender Unsinn seine Kreise – dies bis weit in christliche Gruppen hinein. Ein Blick in entsprechende Internetforen oder auch in facebook zeigt Erschreckendes.
Dass Entscheidung und Diskussion in Friedrichshain-Kreuzberg nicht auf eine einzige Religion gezielt waren, und dass speziell in Kreuzberg, einem Stadtteil, in dem rund ein Drittel der Bevölkerung muslimisch ist, der Beschluss des Bezirksparlaments ohne weiteres auch als anti-moslemisch interpretiert werden könnte, fällt bei dieser dumpfen Form von Stimmungmache ebenso unter den Tisch wie der Umstand, dass der Berliner OB Klaus Wowereit diesen Beschluss mit scharfen Worten kritisiert hat und dass Berlin sich am 17.August mit einer „Langen Nacht der Religionen“ offen als tolerant und religionsfreundlich definieren konnte.
Von daher: Natürlich muss aus christlicher Sicht konstatiert werden, dass der Berliner Beschluss einmal mehr zeigt, dass das Klima für Religion, die mehr ist als bloße Privatsache, kälter geworden und weiter abkühlen wird. Und natürlich muss ich einmal mehr einklagen, dass „Kirche“ darauf nur mit reflexartiger Abwehr, nicht aber mit Auseinandersetzung und klarer Positionierung reagiert.
Aber Verschwörungstheorien, Dolchstoßlegenden und antiislamische Resentiments sollten unterbleiben.

Printed by Books on Demand GmbH, Norderstedt / Germany